CB018594

O Brasil Filosófico

Coleção Khronos
Dirigida por J. Guinsburg

Equipe de realização – Revisão de texto: Saulo Alencastre; Revisão de provas: Cristina Futida; Produção: Ricardo W. Neves, Heda Maria Lopes e Raquel Fernandes Abranches.

Ricardo Timm de Souza

O Brasil Filosófico

História e Sentidos

Direitos reservados à
EDITORA PERSPECTIVA S.A.
Av. Brigadeiro Luís Antônio, 3025
01401-000 – São Paulo – SP – Brasil
Telefax: (0--11) 3885-8388
www.editoraperspectiva.com.br
2003

SUMÁRIO

CRONOLOGIA

Esta pequena cronologia destaca algumas das datas mais importantes para o estudo da temática da filosofia no Brasil, segundo as diretrizes adotadas neste livro, ou seja, relevando igualmente algumas obras e fatos centrais da cultura brasileira e a edição de obras referentes à filosofia no Brasil.

1549 Chegada dos primeiros jesuítas com Tomé de Sousa, sendo entregue à Companhia de Jesus o trabalho de catequese e ilustração.

1550 Doação de terreno a Manuel da Nóbrega para a construção do primeiro colégio.

1556 Funda-se o centro inicial do aprendizado; aplica-se a primeira legislação escolar da Companhia de Jesus.

1559 As constituições exigem cinco anos para letras e sete para os estudos de filosofia.

1572 Primeiros títulos universitários concedidos e primeiro curso de filosofia no Brasil.

1580 Provável início do estudo oficial da filosofia no Brasil, em Olinda.

1608 Nasce Antônio Vieira.

1629 *Curso de Filosofia*, de autoria do Padre Antônio Vieira, considerado como o primeiro livro de textos para lições que proferiu no curso de artes nos anos 1629 e 1632.

1699 Nasce Pombal.

1705 Nasce Matias Aires.

1713 Nasce Luiz Antônio Verney, o Barbadinho.

1740 Nasce Francisco Santos Leal.

1747 Publicação de *Verdadeiro Método de Estudar*, de Luiz A. Verney.

1752 Publicação de *Reflexões sobre a Vaidade dos Homens*, de Matias Aires.

1763 Morre Matias Aires.

1773 Suspensão da Companhia de Jesus no Brasil.

1782 Morre Pombal.

1784 Nascem Francisco de Mont'Alverne e Diogo Feijó.

1788/1792 Publicação de *História dos Filósofos Antigos e Modernos*, de Francisco Leal.

1808 Chegada da corte portuguesa ao Brasil.

1813 Nasce Mauá; Silvestre Pinheiro Ferreira inicia curso de filosofia no Real Colégio de São Joaquim e publica *Preleções Filosóficas sobre a Teórica dos Discursos e da Linguagem, a Estética, a Diceósina e a Cosmologia.*

1814 Nasce Pedro de Figueiredo.

1818 Morre Francisco Santos Leal; em seus *Cadernos de Filosofia*, redigido para facilitar os estudos dos alunos, o padre Diogo Feijó dedica-se a transmitir os aspectos centrais do pensamento kantiano, sendo um dos seus primeiros divulgadores no Brasil.

1822 Independência do Brasil.

1824 Nasce Manuel Maria de Moraes e Vale.

1827 Instituições dos cursos jurídicos, em cujas escolas se concentravam os núcleos mais importantes do debate de idéias novas; o pensamento filosófico começa a adquirir certa autonomia em nosso meio, sob a égide do romantismo.

1833 Nasce Benjamin Constant Botelho de Magalhães.

1835 Feijó se torna regente do império.

1837 Fundação do Colégio Pedro II.

1838 Fundação do Instituto Histórico.

1839 Nasce Tobias Barreto; publicação em Paris de *Noções Elementares de Filosofia Geral e Aplicada às Ciências Morais e Políticas, Ontologia,Psicologia, Ideologia* de Silvestre Pinheiro, com qual procurava superar o compêndio de Genuense, admitido no Brasil e além-mar como o livro de texto no ensino de filosofia.

1840 Nasce Luís Pereira Barreto.

1842 Em *Discurso sobre o Objeto e Importância da Filosofia*, Gonçalves Magalhães preconiza entusiasticamente o racionalismo como único método que deve orientar o estudo da filosofia, apesar de haver sido o mais alto representante da primeira fase romântica no Brasil. E resume a filosofia de seu tempo em quatro sistemas: sensualismo, espiritualismo, cepticismo e misticismo.

1843 Morre Diogo Feijó.

1844 Apresentada à faculdade de Medicina de Salvador a tese *Plano e Método de um Curso de Filosofia*, de Justiniano da Silva Gomes, considerada a primeira manifestação do positivismo no Brasil.

1846 Antônio Pedro de Figueiredo funda a revista *O Progresso* e traduz *Curso de História da Filosofia Moderna*, de Victor Cousin.

1850 Abolição do tráfico negreiro.

1854 Publicação de *Investigação de Psicologia* do médico Eduardo Ferreira França.

1855 Morre Frei Francisco de Mont'Alverne.

1859 Nascem Pedro Lessa e Clovis Bevilacqua; morre Antônio Pedro de Figueiredo; publicado a obra póstuma *Compêndio de Filosofia* de Frei Francisco de Mont'Alverne.

1862 Nasce Farias Brito.

1866 Nasce Euclides da Cunha.

1868 Em *A Propósito de uma Teoria de Santo Tomás de Aquino*, Tobias Barreto rompe com a filosofia dominante, adotando os princípios de Comte.

1870 A Guerra do Paraguai deflagra uma crise social, culminando com a publicação do manifesto republicano.

1874 Publicação de *Filosofia Teológica* de Luís Pereira Barreto.

1876 Publicação de *Filosofia Metafísica* de Luís Pereira Barreto; é fundada no Rio de Janeiro a primeira sociedade positivista.

1877 Miguel Lemos publica *Pequenos Ensaios Positivistas* e, junto com Raimundo Teixeira Mendes, inaugura a Sociedade Positivista do Rio de Janeiro, transformada logo depois em Apostolado Positivista do Brasil.

1878 Sílvio Romero lança *A Filosofia no Brasil*, primeiro livro sobre a filosofia no país.

1882 Morre Gonçalves de Magalhães.

1888 Abolição da Escravatura.

1889 Proclamação da República.

1894 Nascem Pontes de Miranda e Alceu Amoroso Lima.

1900 Nasce Gilberto Freire; publicação de *É a História uma Ciência?,* de Pedro Lessa.

1902 Nascem Sérgio Buarque de Holanda e Leôncio Basbaum.

1905 Publicação de *Evolução e Relatividade* e *A Verdade como Regra das Ações*, de Farias Brito.

1907 Nasce Caio Prado Júnior.

1909 Primeira universidade no Brasil: Manaus.

1912 Nasce Anatol Rosenfeld; publicação de *Estudos de Filosofia do Direito* dePedro Lessa.

1914 Nasce Ernani Fiori; morre Sílvio Romero.

1916 Morre Miguel Lemos.

1917 Morre Farias Brito.

1918 Publicação de *Filosofia da Arte,* de Vicente Licínio Cardoso, e de *Noções de História da Filosofia,* de Leonel Franca.

1920 Nasce Florestan Fernandes; criação da Universidade do Rio de Janeiro, primeira universidade criada por decreto; é lançado *Estética da Vida*, de Graça Aranha, que virá a influenciar no movimento modernista de 1922.

1921 Jackson de Figueiredo lança a revista *A Ordem*; nascem Lima Vaz, Paulo Freire e Darci Ribeiro; morre Pedro Lessa.

1922 Semana de Arte Moderna; Jackson de Figueiredo cria o "Centro Dom Vital".

1923 Morre Pereira Barreto.

1926 É extinta a universidade de Manaus.

1928 Morre Jackson de Figueiredo.

1930 Revolução de 1930; nasce Gerd Bornheim.

1931 Estatuto das Universidades Brasileiras.

1934 Criação da Universidade de São Paulo, primeira universidade do novo modelo.

1936 Primeira edição de *Raízes do Brasil*, de Sérgio Buarque de Holanda.

1945 Publicação de *História Econômica no Brasil*, de Caio Prado Junior, e de *A Filosofia no Brasil* de João Cruz Costa.

1948 Morre Leonel Franca.

1955 Criação do ISEB.

1957 Publicação de *A Filosofia no Brasil,* de Hélio Jaguaribe e de *Ensaios Filosóficos,* de Euríalo Cannabrava.

1960 Publicação de *Contribuição à História das Idéias no Brasil* de João Cruz Costa.

1963 Publicação de *Formação Econômica do Brasil*, de Celso Furtado.

1967 Publicação de *Panorama da Filosofia no Brasil,* Luís Washington Vita.

1969 Criação do CEBRAP; morre Leôncio Basbaum.

1972 Publicação de *Síntese da História da Cultura Brasileira,* de Nelson Werneck Sodré.

1973 Publicação da *Bibliografia Filosófica Brasileira: Período Contemporâneo: 1931-1971*, Rio de Janeiro, pelo Departamento de Filosofia da UFRJ; morre Anatol Rosenfeld.

1976 Publicação de *Rumos da Filosofia Atual no Brasil – em Auto-retratos*, de Stanislaus Ladusans, e de *A Filosofia no Brasil*, de Geraldo Pinheiro Machado.

1979 Publicação de *Filósofos Brasileiros*, de Guilhermo Francovich.

1983 Criação da ANPOF – Associação Nacional de Pós-Graduação em Filosofia; morre Alceu Amoroso Lima; publicação de *1000 Títulos de Autores Brasileiros*, organizado por Geraldo Pinheiro Machado.

1985 Morre Ernani Fiori.

1987 Publicação da *Bibliografia Filosófica Brasileira: Período Contemporâneo: 1931-1980*, pelo Centro de Documentação do Pensamento Brasileiro, Salvador, de *Grandes Correntes da Filosofia no Século XX e sua Influência no Brasil*, de Urbano Zilles e de *História das Idéias no Brasil*, de José Antônio Tobias; morre Gilberto Freire.

1988 Publicação da *Bibliografia Filosófica Brasileira: Período Contemporâneo: 1981-1985*, Centro de Documentação do Pensamento Brasileiro, Salvador.

1990 Publicação de *A Filosofia no Brasil – Catálogo Sistemático dos Profissionais, Cursos, Entidades e Publicações da Área da Filosofia no Brasil*, de Antônio Joaquim Severino; morre Caio Prado Júnior.

1995 Morrem Florestan Fernandes e Pontes de Miranda.

1997 Morrem Darci Ribeiro e Paulo Freire; publicação de *Os Programas de Pós-graduação em Filosofia: 90-95*, de Luís Alberto de Boni, de *Pequenos Estudos de Filosofia Brasileira*, de Aquiles Cortes Guimarães, de *História da Filosofia no Brasil*, de Jorge Jaime, e de *História das Idéias Filosóficas no Brasil,* de Antônio Paim.

2002 Morrem Gerd Bornheim e Lima Vaz.

PREÂMBULO

A inauguração do novo século e milênio – período no qual uma abundância de tensões e crises muito difíceis, mas também de ímpares oportunidades de autocompreensão dos grandes impasses culturais – propõe a quem a pensa uma série de tarefas pesadas e de complexa execução. Somos não somente herdeiros do século XX, mas temos também a responsabilidade de disponibilizá-lo às novas gerações, o que significa tentar realmente enxergar seus constitutivos, características e propriedades mais determinantes – compreendê-lo *filosoficamente*. Isso implica, também, em estudar a filosofia do Brasil e no Brasil enquanto *texto* em sua intrincada articulação com o seu *contexto*, em um processo interpretativo que aponta novos rumos à investigação.

Cabe a nós, enquanto brasileiros, a tarefa de reavaliar a possibilidade de leitura do Brasil enquanto sede de seus intentos auto-interpretativos. Uma dessas possíveis dimensões de interpretação se propõe desde a forma de como a filosofia tem sido criada, compreendida, aplicada e historicizada entre nós – uma análise, portanto, do Brasil filosófico.

Este é, portanto, o objetivo do presente volume: uma aproximação abrangente, de índole preponderantemente *histórica*, porém pretendendo transcender o mero arrolamento cronológico de dados, do Brasil enquanto sede de pensamento filosófico em suas mais diversas origens, articulações, manifestações e, principalmente, tensões que perpassam o conjunto da produção cultural nessa área e podem permitir a compreensão de elementos-chave da vida nacional. Ou seja, propõe-se aqui o estabelecimento de uma base compreensiva para a construção de teorias realmente comprometidas com os novos e difíceis tempos, em um esforço de construção com as novas gerações, na única direção possível: a do futuro.

POR QUE BRASIL FILOSÓFICO?

Cada um com suas armas; a nossa é essa:
esclarecer o pensamento e pôr ordem nas idéias.

ANTONIO CANDIDO[1]

Na origem, todo pensamento é crítica e negação, e
o limite de sua vitalidade encontra-se identificado com o
limite de sua sistematização e vigência.

ROBERTO GOMES[2]

I. A questão

Escrever sobre qualquer aspecto da cultura brasileira significa enfrentar a necessidade de estabelecer árduas escolhas e assumir o grave risco da insegurança (e até mesmo de cometer injustiças, por mais cuidadoso que o pesquisador pretenda ser em seu trabalho), pois o Brasil cultural é excessivamente rico

1. Cit. por Mota, *Ideologia da Cultura Brasileira 1933-1974*, São Paulo, Ática, 2000, p. 129.
2. *Crítica da Razão Tupiniquim*, São Paulo, FTD, 1990, p. 72.

para que todas as suas infinitas manifestações sejam apreendidas em sua totalidade, quanto mais organizadas em termos metodológicos relativamente invariáveis. Como bem destaca Alfredo Bosi,

> ocorre [...] que não existe uma cultura brasileira homogênea, matriz dos nossos comportamentos e dos nossos discursos. Ao contrário: a admissão de seu caráter plural é um passo decisivo para compreendê-la como um "efeito de sentido", resultado de um processo de múltiplas interações e oposições no tempo e no espaço[3].

O perigo da simplificação ou da esquematização é flagrante. Analisado com rigor, é muito provável que, antes de um país, o Brasil seja um *processo de formação*, uma crise de nascimento e crescimento, choques e transformações, superação contínua das mais diversas contingências, uma tradição a construir desde uma enorme teia de fontes e manifestações diversas[4]. Ao contrário do que tem parecido a muitos teóricos da cultura e da história da filosofia nacionais, não existem dimensões de compreensão suficientemente abrangentes a ponto de permitirem algum tipo de negligência com relação a esse *processo* em curso, no qual a espantosa riqueza cultural do país se expressa em todo o seu vigor. A filosofia no Brasil não se reduz a meia dúzia de livros de meia dúzia de filósofos hegemônicos, mas toma formas e tamanhos tão inusitados quanto o próprio país. Ao que outros chamam de paroquialismo nós chamamos provincianismo; mas todos os provincianismos são compreensíveis, pelo menos enquanto fase de autodescoberta e estruturação de autonomia de um complexo cultural, *menos* aquele provincianismo que nasce da obsessão em "não ser provinciano" e que desemboca em axiologias privadas, detratoras de outras formas de abordagem do real e de construção cultural e filosófica. *Pois o Brasil real está infinitamente além disso*; sua matéria-prima, dada a quem pretende compreender alguns de seus aspectos particulares mais relevantes, sufoca, com seu mero parecer, os simplismos metodológicos monologais. O Brasil é, antes de tudo – e isto ne-

3. Alfredo Bosi, *Cultura Brasileira – Temas e Situações*, São Paulo, Ática, 1987, p. 7.

4. Cf. Jayme Paviani, "Humanismo Latino na Cultura Brasileira", em Jayme Paviani e Arno Dal Ri Jr., *Globalização e Humanismo Latino*, Porto Alegre, Edipucrs, 2000, pp. 259-271.

cessita ser compreendido em sua extrema radicalidade –, imensa *plurivocidade* de *origem* e de *destino.*

A contrapartida a essa superabundância de elementos e riquezas de manifestações se constitui, por outro lado, de certos elementos plenamente observáveis nas formas tradicionais de transmissão da cultura letrada que têm dificultado ainda mais a avaliação criteriosa de nossa cultura[5]. São eles: a tradição colonial e o constante perigo de recaída em uma mentalidade geral colonizada, que separa rigidamente a assim considerada pela tradição "alta cultura" da cultura *real* que se produz no dia-a-dia; a indigência generalizada ainda observável em contraste com a disponibilidade dos meios de comunicação e referências no que se refere à imensa maioria da população (não obstante os tecnicismos crescentemente em voga); a parcialidade histórica com sua falta de percepção ampla das múltiplas interpenetrações existentes; o culto a figuras icônicas vazias que ocuparão o imaginário das camadas letradas da população muito mais por seu efeito de convencimento fácil e brilho fátuo do que por valores intrínsecos; as constantes disputas pelo poder que envolvem a maioria dos centros de decisão de políticas acadêmicas e culturais; a falta de hábito crítico, que faz com que modismos e recepções parciais de dados culturais externos assumam posições determinantes na vida letrada do país com extrema facilidade e rapidez; a imposição midiática de certos quadros de referência que tendem a excluir outras formas de reflexão e construção cultural, outras posições e outros lugares. Tudo isso dificulta enormemente uma avaliação criteriosa da produção cultural brasileira no que essa tem de mais significativo. Como expressão corrente dessas dificuldades, reitera-se a situação paradoxal de pensadores, filósofos e estudiosos da cultura em geral que, tendo convivido, em uma longa vida de trabalho, com a indiferença oficial ou oficiosa no Brasil, acabam por receber da comunidade internacional um reconhecimento que contrasta vivamente com essa indiferença a que estão acostumados nos locais onde vivem e trabalham.

5. Neste livro, faremos a seguinte distinção, meramente operatória, entre "cultura" e "cultura letrada": a primeira se refere à totalidade das manifestações culturais de um povo ou região, enquanto a segunda indica as formas de como tais manifestações são recebidas e integradas à vida institucional do país, acadêmica ou outra.

Temos, portanto, uma tensão difícil, potencialmente produtiva porém historicamente negligenciada. O Brasil, país que nasce cindido entre *dirigentes e dirigidos*, entre os que *pensam e determinam* e os que *são pensados e traduzidos academicamente*, evidentemente ainda não aprendeu a lidar com a produtividade latente, fruto do divórcio de origem, da qual muitas obras filosóficas e culturais menos conhecidas são a melhor expressão. A tarefa filosófica primordial no Brasil parece se traduzir, ou trazer inequivocamente à tona, as formas não só de como se produziu historicamente, mas, principalmente, as formas pelas quais essa realidade é sistematicamente neutralizada em termos de sua real abrangência e significado.

Tal "divórcio" é encontrável em sua forma atualizada nos mais diferentes campos da cultura, mas é possível que em nenhum outro campo tal fato seja tão fácil e agudamente observável como no campo da cultura filosófica. Ocorre no Brasil filosófico, de um modo geral, uma extrema dificuldade de pensar autonomamente seus próprios problemas enquanto, justamente, problemas filosóficos. Mesmo sem que se entre na questão das preferências ideológicas, é notável o fato de que a enorme erudição de muitos pensadores brasileiros do campo da filosofia contrasta muitas vezes, de forma dolorosa, com sua absoluta incapacidade de percepção de problemas próximos e reais, uma alergia ao empírico, ao desorganizado, como se a posse de uma pretensa "cultura universal" lhes permitisse ignorar sobranceiramente o chão onde pisam e que os alimenta. O que aí temos é a reprodução exacerbada, em nível acadêmico ou individual, do mesmo divórcio original que se confunde com as raízes do país.

A perspectiva geral deste livro se estabelece desde uma visão algo diferente. Sem ignorar as grandes produções especulativas do passado brasileiro ou as reconstruções históricas já empreendidas, não se atém apenas ao brilho das letras filosóficas oficiais – muitas vezes notáveis –, mas verte seu olhar também para dimensões de interpretação não endógenas às obras dos autores. Não se trata de um livro que se propõe neutro em nenhum sentido; trata-se de uma interpretação que reivindica sua posição frente a outras posições possíveis e existentes. A base desta interpretação é a tensão acima referida. Sua intenção explícita é historiar, de forma sintética porém representativa, a grande produção filosófica brasileira, apontando para criações já efetivadas ou possíveis de o serem, ao mesmo tempo em que procura apontar incisivamente para outras formas de desenvolvimento do pensamento filosófico brasileiro, com ênfases – de caráter mais ilustrativo, dados os limites da obra – regionais ou temáticas. Este texto parte portanto do princípio de que a ausência de clareza de *posições de origem* no próprio debate cultural e filosófico é o verdadeiro elemento esterilizante de todo e qualquer pensamento[6], e não a presença de posições explícitas.

Sejamos claros. O Brasil produz uma cultura e uma filosofia de alto nível, aferidas pela sua radical não-subserviência a modelos totalizantes e pela sua potencial efetividade para a compreensão real da vida nacional; o problema está muito mais em localizar as manifestações dessa intensidade filosófica em meio à hegemonia das exegeses que, ou derivam para posições hegemônicas altamente questionáveis, ou solicitam continuamente escusas simplesmente por existirem, em uma espécie de reprodução de um certo "complexo de inferioridade" cultural. Não se trata, aqui, de defender a bandeira de algum tipo de restauracionismo ou messianismo filosófico de qualquer espécie, mas de tentar recorrentemente valorizar a riqueza filosófica *onde ela surge e na forma em que ela surge.* Assim, a temática do Brasil filosófico é bem maior que o conjunto dos filósofos que aqui trabalham e das filosofias e escolas que são aqui representadas (e aos quais este livro pode fazer referência); ela envolve, em primeira linha, a questão da própria autocompreensão do país enquanto povo e cultura determinados, em sua extrema complexidade. Esta convicção é o que realmente determinará as escolhas históricas com as quais nos temos confrontado e que urgem neste conturbado início de milênio, o que nos envia à questão de

6. Tal situação é especialmente eloqüente nas obras dos *Brazilianists*, que chegaram a ser adotadas como livros-textos em muitas universidades. A respeito desta questão, ver o elucidativo texto de Paula Beiguelman, "Cultura Acadêmica Nacional e Brazilianismo", em Alfredo Bosi (org.), *Cultura Brasileira – Temas e Situações*, *op. cit.*, pp. 199-207. É impressionante, por exemplo, que obras publicadas na década de 60 trouxessem asserções de tal forma ofensivas à inteligência brasileira, como de fato ocorreu. Um exemplo: em um conhecido livro, intitulado *Brasil – Povos e Instituições*, ocorre, à página 560, uma ilustração de crianças brancas e negras brincando. Como legenda dessa ilustração, temos: "A ausência de discriminação racial é flagrante em toda população brasileira" (T. Linn Smith, *Brasil – Povos e Instituições*, Rio de Janeiro, Edições Didáticas USAID, 1967, p. 560).

origem, ao referencial teórico maior que será aqui utilizado para viabilizar uma tentativa de compreensão, referencial a que faremos menção a seguir.

Seja antes feita uma ressalva comum a todo e qualquer trabalho de índole histórica: trata-se da enorme dificuldade em pensar os personagens do passado desde a *sua* circunscrição particular, mesmo sem poder dispensar o fato de que o que está se processando é a *retrospecção* de quem pesquisa. Muitas vezes, movidos por cortes mais contemporâneos de interpretação, somos menos capazes de compreender sutilezas e nuances que viriam a alterar profundamente nosso entendimento dos autores estudados.

II. O horizonte geral de referência

O horizonte referencial amplo desde onde lemos a história e a contemporaneidade da filosofia no Brasil refere-se à situação civilizatória que, tendo raízes culturais e sociais extremamente profundas, se estabelece incisivamente ao longo dessa transição secular, tal como a apresentamos em nosso livro *Totalidade & Desagregação – Sobre as Fronteiras do Pensamento e suas Alternativas*[7]: uma transmutação de referências e paradigmas de compreensão da realidade, um processo de desagregação de certezas extremamente profundo e que, a rigor, não chegou ainda a ser plenamente compreendido, nem em sua pluridimensionalidade, nem em sua profundidade, nem em sua *fecundidade*, na imensa maioria dos campos da cultura, mas que se deixa entrever em qualquer análise detida dos mais diversos complexos culturais – especialmente na área de influência do modelo ocidental de desenvolvimento, mas não só deste, especialmente após

7. Ricardo Timm de Souza, "O Século XX e a Desagregação da Totalidade", em R. T. Souza, *Totalidade & Desagregação – Sobre as Fronteiras do Pensamento e suas Alternativas*, Porto Alegre, EDIPUCRS, 1996, pp. 15-29. Sobre a complexidade extrema da questão cultural contemporânea, cf. por exemplo Teixeira Coelho, *Guerras Culturais – Arte e Política no Novecento Tardio*, São Paulo, Iluminuras, 2002 e Nicolau Sevcenko, *A Corrida para o Século XXI – no Loop da Montanha Russa*, São Paulo, Cia. das Letras, 2001, entre muitos outros trabalhos de valor.

os fatores de disseminação de cultura hegemônica através da globalização.

Parece-nos portanto evidente que o estudo do Brasil filosófico transcende, em muito, o arrolamento de autores e escolas, por mais meritórios e valiosos que trabalhos nesse estilo possam ser (e efetivamente o são, já que fornecem geralmente amplos critérios e bases para a reflexão). Este estudo trata do intento de uma leitura cultural mais ampla, que pretende destacar ou sugerir elementos filosoficamente relevantes tanto para a compreensão do passado nacional como para uma avaliação das grandes questões do presente e perspectivas de futuro. O Brasil filosófico é de todos aqueles que o pensam na dinâmica de desdobramento de suas imensas possibilidades.

III. A proposta

A estrutura deste trabalho é a seguinte: inicialmente, um exame da base cultural ampla na qual se gestam os primeiros esforços culturais e filosóficos no Brasil; após, uma retrospectiva histórica sumária de autores e escolas relevantes; seguida de ênfase à situação contemporânea da filosofia no Brasil, desde diversos aspectos que consideramos relevantes, por fim, algumas conclusões e perspectivas que se abrem desde as diversas dimensões estudadas[8].

Uma última observação: evidentemente, nem sempre o termo "filosofia" será aqui utilizado segundo os moldes correntes encontráveis na tradição ou nos manuais; muitas vezes, serão aqui entendidas por "filosofia" determinadas formas de abordagem do conjunto de problemas históricos e sociais que determinam a existência de pessoas e comunidades na variedade cultural

8. A bem da maior isenção possível, procuraremos citar nominalmente apenas autores já falecidos enquanto alvos de breves estudos biográficos-intelectuais; a exceção a esta regra constitui-se em intelectuais pertencentes a grupos de pesquisa, como o ISEB, grupos porém já não atuantes em seus moldes originais. Na seção dedicada ao pensamento filosófico contemporâneo, através da referência a grupos, associações e projetos de pesquisa, esperamos estar fazendo justiça aos pensadores da área da filosofia que efetivamente construíram e constroem, em interação com as novas gerações, o pensamento filosófico brasileiro contemporâneo.

brasileira, que, a rigor, pouco parentesco guardam com a ortodoxia terminológica das enciclopédias e manuais, mas são decisivas do ponto de vista de fixação de matrizes culturais fundamentais. Esta não parece ser uma mera arbitrariedade interpretativa, mas antes uma exigência estrita e incisiva da forma de como a própria cultura nacional se desenvolve. Em todos os momentos, ante a necessidade de decidir entre formas e conteúdos, optamos pelos conteúdos – única razão de ser das formas. Interessa-nos aqui, muito mais do que a concordância com quaisquer cânones interpretativos tradicionais, uma investigação incipiente, desde nosso ponto de vista específico, do que podemos chamar de *fenômeno brasileiro*: o árduo processo de nascimento de uma sociedade viável e as inúmeras formas que intenta desenvolver para se autocompreender[9].

9. Muito embora mantenhamos um certo diálogo com diversos aspectos da cultura brasileira, especialmente a história, a antropologia e as ciências sociais em geral, não serão, devido aos limites do livro, estabelecidas maiores articulações com alguns campos fundamentais da cultura: a arte, a literatura – exceto em alguns casos de especial relevância para os fins deste livro –, a educação (com a exceção de Paulo Freire, e isto devido ao fato que sua obra vem sendo também recebida, não só nacionalmente como internacionalmente, como uma construção eminentemente filosófica – Cf. Benedito E. Leite Cintra, *Paulo Freire entre o Grego e o Semita – Educação, Filosofia e Comunhão*, Porto Alegre, EDIPUCRS, 1998) e a teologia, entre outros. A articulação conseqüente da filosofia brasileira com estas áreas transcende claramente os limites deste livro.

PRIMEIRA PARTE: OS FATOS

Introdução

É evidentemente necessário que, inicialmente, nos perguntemos pelo contexto de nascimento do Brasil em suas dimensões determinantes. E isso pode ser muito mais complexo do que pode parecer à primeira vista. Não se entendem as origens do Brasil sem que se compreenda o contexto sociocultural dos inícios da modernidade na Europa, o sentido que tomam as grandes navegações, e a concretização de um determinado modelo de expansionismo europeu ao longo dos séculos XV e XVI. A questão original do Brasil, de sua origem e, por decorrência, de seu desenvolvimento, é, portanto, *histórica*; é na história renovada por novas formas de interpretação que atualmente podem ser encontradas em modelos de historiografia mais lúcida, provada pela concretude e necessidade de lidar com a extrema complexidade de acontecimentos recentes que podem ser localizados indícios que nos permitam uma aproximação às origens do Brasil.

Não é nossa intenção, porém, nos limites deste livro, propor amplos horizontes compreensivos em termos de discussão histórica e sócio-cultural; estes horizontes serão nada mais que sugeridos. Para fins deste texto, a variedade de questões difíceis que caracteriza o fenômeno brasileiro, tanto em termos de suas origens como no que tange às suas possibilidades de compreensão desde a contemporaneidade, será sintetizada na seguinte forma de abordagem: enfocaremos de forma sintética cosmovisões que regem os fatos que consideramos decisivos não só no que diz respeito ao Brasil em suas origens como em seus desdobramentos contemporâneos; a interpretação dessas cosmovisões e determinações parte já de um exame de suas aplicações concretas na determinação da cultura brasileira.

Capítulo I

Os Inícios: Para uma Base de Compreensão Geral

I. Algumas dimensões compreensivas para a abordagem do tema

Na primeira página de seu clássico *Raízes do Brasil*, apresenta-nos Sérgio Buarque de Holanda um interessante princípio de leitura das origens da cultura brasileira que muito serve aos estudos do desenvolvimento do pensamento cultural e, por extensão, filosófico, no Brasil: "a tentativa de implantação da cultura européia em extenso território, dotado de condições naturais, se não adversas, largamente estranhas à sua tradição milenar, é, nas origens da sociedade brasileira, o fato dominante e mais rico de conseqüências"[1]. De fato, tal asserção nos envia, a rigor, para um contexto, tanto cronológica como analiticamente, *anterior* ao exame das manifestações filosóficas no Brasil, contexto este que necessita ser previamente examinado – anterior até mesmo ao modelo específico de implantação ou transplantação a que se procedeu e que examinaremos na próxima seção.

1. Sérgio Buarque de Holanda, *Raízes do Brasil*, Brasília, Editora da Universidade de Brasília, 1963, p. 3. A notar, nessa edição, o magnífico prefácio de Antonio Candido.

Esse contexto histórico-cultural das origens do Brasil se caracteriza por pelo menos quatro dimensões possíveis de leitura, que significam também a possibilidade – e mesmo a necessidade – de um cruzamento de referências:

a. Em primeiro lugar, uma leitura que poderíamos chamar "axiológica": a idéia de transplantar ou implantar a cultura européia nas novas terras, em seu especial matiz conservador português, baseia-se evidentemente na consideração anterior de que ela oferecia o que de melhor a civilização greco-romana havia gestado[2]. O fato de a cultura letrada inicialmente transposta ao Brasil – a mentalidade erudita, apologética e contra-reformista dos jesuítas – diferir grandemente de muitos outros parâmetros europeus da época não invalida o parentesco de origem entre esses diversos modelos: no princípio repousa a crença de uma *superioridade* evidente da cultura européia com relação à cultura dos indígenas, por mais puros, inocentes e interessantes que esses pudessem se apresentar a muitos analistas da época. A crença na superioridade evidente dos povos europeus impregna de tal forma as raízes do universo brasileiro que ainda hoje é praticamente hegemônica em muitos campos da cultura brasileira[3]. Isto se torna especialmente marcante e evidente quando, por exemplo, trabalhos filosóficos de grande seriedade são qualificados – ou desqualificados – como "folclóricos" ou inconseqüentes, simplesmente porque não seguem a última moda européia ou norte-americana de pensamento[4].

b. Em segundo lugar, é necessário que se situe com razoável precisão a posição de Portugal no ambiente europeu da época. Em meio às tempestades da modernidade nascente, o país permanece, em termos gerais, fortemente afeito a idéias conservadoras de um passado em inelutável decadência, ainda que de forma talvez algo menos nítida em relação à Espanha contra-

2. Quando se fala em "transplantar" ou "implantar", não se tem naturalmente em vista a idéia de que se tenha intentado, com esses processos, criar um novo país, mas, sim, viabilizar uma nova colônia.

3. Não se trata aqui de polemizar contra ou a favor dessa posição preponderante, mas, antes, de destacar a acriticidade com que esse fato tem sido geralmente tratado nos mais variados níveis da reflexão cultural nacional.

4. Aliás, um tal juízo de valor, ao utilizar a palavra "folclore" como elemento *desqualificador*, bem evidencia a lucidez dos pareceristas com relação ao sentido da cultura nacional em seus termos mais significativos.

reformista. Ressaltemos aqui apenas um exemplo de tal mentalidade: a perseguição e expulsão dos judeus e de muitos dos chamados cristãos-novos – os quais se estabeleceram, com seus conhecimentos e posses, em locais de maior tolerância e estímulo a seus empreendimentos, como Amsterdã, – é um exemplo eloqüente dessa opção cultural e parece marcar também a opção definitiva pela permanência em uma estrutura de mundo que conservava da Idade Média exatamente seus elementos mais rígidos e menos frutíferos. É nesse contexto que surge a colônia brasileira, que deveria, em boa medida, vir a sustentar economicamente essa opção. Isto também explica o caráter destacado por tantos historiadores, que vêem, na forma de chegada e posse dos portugueses, um "caráter acentuado de feitoria, muito mais que colonização"[5], com uma estrutura que reproduz com grande fidelidade as matrizes intelectuais que imperavam na metrópole. Lembremos, apenas a título de ilustração, que a Mesa Censória de Pombal, após a expulsão dos jesuítas, vem a condenar Descartes, "porquanto o povo português ainda não está acostumado a ler no seu próprio idioma este gênero de escritos"[6]. Em suma: "numa produção transplantada, e montada em grande escala, para atender exigências externas, surge naturalmente uma cultura também transplantada"[7] – e, em nosso caso, reprodutiva não só do conjunto de valores, como das fobias e paranóias da metrópole.

c. Uma leitura em termos de *facticidade* histórica de caráter genético: foi a partir desses modelos de implantação que a colonização européia e, por conseqüência, as diversas interações com culturas autóctones ou estrangeiras *efetivamente* se deu. Desde o ponto de vista lingüístico, étnico e das mais variadas produções materiais e culturais subseqüentes, o Brasil atual não é compreensível senão desde esse processo de transplantação tal como concretamente se estabeleceu ao longo do tempo, ou seja, em interação com outros moldes culturais já existentes ou que aqui vieram aportar, como as diversas culturas africanas, por exemplo. É apenas desde esta parametrização histórica que o Brasil é

5. Luís Washington Vita, *Panorama da Filosofia no Brasil*, Porto Alegre, Globo, 1967, p. 22.

6. *Apud* L. W. Vita, *op. cit.*, p. 30.

7. Nelson Werneck Sodré, *Síntese de História da Cultura Brasileira*, *apud* Roberto Gomes, *Crítica da Razão Tupiniquim*, *op. cit.*, p. 102.

minimamente compreensível, e não desde parâmetros invariáveis quaisquer.

d. Finalmente, uma leitura histórico-cultural *contemporânea*, à qual já fizemos referência na introdução, que caracteriza uma *tensão cultural e sócio-histórica de origem* e que permanece ao longo de toda a história do Brasil; uma tensão que, reproduzindo em escala própria as grandes tensões da cultura ocidental[8], apresenta todavia facetas bem particulares, que permitem sua análise, até certo ponto, em separado.

II. Os referenciais e o entrecruzamento das dimensões compreensivas

O conjunto de fatores acima referidos, porém, merece um esforço sintético que articule seus componentes em uma unidade que clareie sua percepção por trás da multiplicidade dos discursos e das perspectivas. Várias são as opções de que dispomos; uma delas porém, em seu esforço concentrado de inteligibilização de vastas camadas da existência nacional em seus dilemas e tensões, nos parece especialmente pertinente e atualizado para os propósitos deste livro. Trata-se do livro de Marilena Chauí *Brasil – Mito Fundador e Sociedade Autoritária*[9], no qual a filósofa apresenta, de forma magistralmente sintética, as dimensões sociais fundamentais de nosso país, que necessitam estarem incisivamente presentes em quaisquer estudos culturais – e, por extensão evidente, filosóficos – com pretensão de conseqüência.

Em primeiro lugar, caracteriza a autora: "Conservando as marcas da sociedade colonial escravista, ou aquilo que alguns estudiosos designam como 'cultura senhorial', a sociedade brasileira é marcada pela estrutura hierárquica do espaço social que determina a forma de uma sociedade fortemente verticalizada em todos os seus aspectos: nela, as relações sociais e intersubjetivas são sempre realizadas como relação entre um superior, que manda, e um inferior, que obedece"[10]. Analogamente, o culti-

8. Cf. nosso texto "O Século XX e a Desagregação da Totalidade", em Ricardo Timm de Souza, *Totalidade & Desagregação – Sobre as Fronteiras do Pensamento e suas Alternativas*, *op. cit.*, pp. 15-29.

9. São Paulo, Fundação Perseu Abramo, 2000.

10. *Brasil – Mito Fundador...*, *op. cit.*, p. 89.

vo da filosofia no Brasil se dá, de um modo geral, como reprodução de uma *magistralidade* transmitida enquanto reafirmação do conhecimento como *poder verticalizado*. O argumento da "autoridade pela autoridade" – cada vez menos legitimado e difícil de sustentar, porém, ainda subsistente –, contribui, em inúmeros casos, para a reafirmação de uma hierarquia de poder extremamente rígida e psicologicamente bloqueadora e esterilizante, contribuindo para a imensa dificuldade da produção de parcela considerável das novas gerações de estudantes e filósofos, muitas vezes obrigados a se curvarem ao princípio de que toda criatividade é suspeita como única possibilidade de se fazerem posteriormente ouvir, reproduzindo, assim, ainda que involuntariamente, uma concepção viciada de produção científica e cultural que deixa intocadas as questões centrais do Brasil passado e contemporâneo.

Entrelaçada com esta estrutura de poder, e fornecendo-lhe substância, encontramos a raiz real de uma tal atitude geral em termos filosóficos: a pertinaz e sempre recorrente *alergia às diferenças* – aliás, dado extremamente perverso, em se tratando da filosofia, já que sabemos que a filosofia é simplesmente inconcebível sem a diferença e nasce devido a ela[11]:

> As diferenças e assimetrias são sempre transformadas em desigualdades que reforçam a relação mando-obediência. O outro jamais é reconhecido como sujeito nem como sujeito de direitos, jamais é reconhecido como subjetividade nem como alteridade. As relações entre os que se julgam iguais são de "parentesco", isto é, de cumplicidade ou de compadrio; e entre os que são vistos como desiguais o relacionamento assume a forma do favor, da clientela, da tutela ou da cooptação. Enfim, quando a desigualdade é muito marcada, a relação social assume a forma nua da opressão física e/ou psíquica[12].

E nós diríamos ainda: de desqualificação absoluta enquanto agente da realidade, ou mesmo enquanto existente para além dos limites previamente estabelecidos de aceitabilidade institucional e social. A alteridade, de um modo geral, não existe senão para ser exorcizada, domesticada na cadeia das instituições que dão conta de presenças ou criatividades desviantes anulan-

11. Cf. nosso texto "Da Diferença Lógica à Dignidade da Alteridade – Estações de uma História Multicentenária", em Ricardo Timm de Souza, *Sentido e Alteridade – Dez Ensaios sobre o Pensamento de E. Levinas*, Porto Alegre, Edipucrs, 2000, pp. 189-208.

12. *Brasil – Mito Fundador...*, *op. cit.*, p. 89.

do-as ou transformando-as em dados "desqualificados" da evolução do pensamento e da sociedade.

O que anteriormente chamamos de *magistralidade vertical*, porém, não é um dado que irrompe sem causa conhecida no universo científico e acadêmico da sociedade brasileira; trata-se, muito mais, de uma *expressão específica* desta sociedade, ou seja, da forma de como a estrutura real da sociedade se manifesta no mundo das escolas, do saber e do conhecimento, das relações professor-aluno. Deriva da sobrevivência da antiga matriz senhorial das épocas coloniais, nas quais a obliteração das diferenças, obedecendo às determinações de princípio, significa a materialização de uma forma extremamente complexa de violência, que consiste em evitar que as violências reais sejam vistas como tais, "naturalizando-as" em desigualdades culpadas de não preservarem o "naturalismo" de uma igualdade formal promulgada[13]. Mas qual é, nesse caso, a estrutura fundamental da sociedade brasileira, a que anteriormente fizemos referência? Justamente, como diz Chauí,

> as divisões sociais são naturalizadas em desigualdades postas como inferioridade natural (no caso das mulheres, dos trabalhadores, negros, índios, imigrantes, migrantes e idosos), e as diferenças, também naturalizadas, tendem a aparecer ora como desvios da norma (no caso das diferenças étnicas e de gênero), ora como perversão ou monstruosidade (no caso dos homossexuais, por exemplo). Essa naturalização, que esvazia a gênese histórica da desigualdade e da diferença, permite a naturalização de todas as formas visíveis e invisíveis de violência, pois estas não são percebidas como tais[14].
>
> O Brasil ocupa o terceiro lugar mundial em índice de desemprego, gasta por volta de 90 bilhões de reais por ano em instrumentos de segurança privada e pública, ocupa o segundo lugar mundial nos índices de concentração de renda e má distribuição de riqueza, mas ocupa o oitavo lugar mundial em termos de Produto Interno Bruto. A desigualdade na distribuição de renda – 2% possuem 98% da renda nacional, enquanto 98% possuem 2% dessa renda – esse fato não é percebido como forma dissimulada de *apartheid* social ou como socialmente inaceitável, mas é considerado natural e normal, ao mesmo tempo que explica por que o povo "ordeiro e pacífico" dispende anualmente fortunas em segurança, isto é, em instrumentos de proteção contra os excluídos da riqueza social[15].

13. Cf. nosso texto "Três Teses sobre a Violência", em *CIVITAS – Revista de Ciências Sociais*, PUCRS, 2002.

14. *Brasil – Mito Fundador...*, *op. cit.*, p. 90.

15. *Brasil – Mito Fundador...*, *op. cit.*, p. 93.

Esse é o legado que se transmite ao presente, e é com ele que qualquer intelectual nestas paragens – incluindo o filósofo – tem de se ver, se quiser permanecer minimamente consciente de sua específica posição e de seu complexo papel social.

* * *

É, assim, do imensamente complexo cruzamento dessas quatro dimensões compreensivas – e, principalmente, das conclusões a que elas conduzem –, que se alimenta a análise da filosofia *no* Brasil que a seguir será empreendida e deve ser vista, simultânea e *essencialmente*, também como uma análise filosófica *do* Brasil *e* de seus desafios maiores e inadiáveis no cruzamento tenso entre passado e futuro que nos constitui.

Capítulo II

O Pensamento no Brasil-Colônia

I. A matriz inicial

Quando se fala sobre filosofia no Brasil-Colônia, é necessário ter em mente o que se entendia por filosofia naquele tempo: não discussões filosóficas tais como normalmente se entende hoje em dia, ou mesmo na Europa da época, mas sim a transmissão, por parte dos jesuítas, de modelos escolásticos então em decadência na Europa, com fins explícitos e exclusivamente catequéticos, de manutenção e promoção de uma ordem social[1]. Os jesuítas, incluindo figuras como Anchieta ou Manoel da Nóbrega,

> não vinham [...] movidos pelo espírito de investigação. As especulações em torno das questões metafísicas estão limitadas pelo caráter de instrumentalidade da filosofia. Os discípulos de Santo Inácio estavam voltados para um certo pragmatismo que os levaria a enfrentar sua missão dentro de uma perspectiva realista como educadores e atalaias do cristianismo. Os horizontes da metafísica

1. Cf. Aquiles Cortes Guimarães, *Pequenos Estudos de Filosofia Brasileira*, Rio de Janeiro, Nau Editora, 1997, pp. 17-28; Luís Washington Vita, *Panorama da Filosofia no Brasil*, *op. cit.*, pp. 18-27.

estavam circunscritos no solo da obediência aos padrões consagrados pela Igreja e emanados pela privilegiada inteligência de São Tomás de Aquino[2].

A rigor, os jesuítas não representavam apenas um modelo próprio em termos de educação e formação de um povo, também suas idéias se articulavam de forma clara com o modelo de civilização portuguesa e sua respectiva opção cultural – "assim, com uma Metrópole tão letárgica e tão fechada em matéria de pensamento puro, presa de corpo e alma ao chamado 'tomismo moderado'... evidentemente que a Filosofia que veio no bojo dos galeões para a Colônia estava compreendida na Teologia"[3].

Os livros aqui chegados passavam, todos, pelo crivo dos censores:

as caixas de livros, vindas da Europa, sempre eram examinadas para o devido crivo. Havia, ainda, uma seleção de leituras. Não se davam a ler a todos, indistintamente, à proporção que iam chegando. Estava determinado que se examinassem antes (e corrigissem) os que tivessem contrário à "edificação" e aos "bons costumes"[4].

Tal fervor censório estendia-se, porém, muito além da preocupação pela pureza doutrinal, abrangendo todo e qualquer tipo de obra impressa, incluindo, por exemplo, livros educativos de toda ordem e clássicos romanos:

a fiscalização não caía apenas sobre as obras heréticas, ou supostas tais, pois até os livros poéticos sofriam a censura pedagógica colegial. Como havia distinção entre os livros escritos em latim e aqueles que apareciam "em romance", a estes era imposto todo o rigor da mesa censória. Essas medidas eram tomadas, ao ver de Serafim Leite, "pelos devaneios que suscitam em cabeças juvenis". Desta forma, podia a Congregação da Bahia, em 1583, propor, à imitação da romana, e sob os aplausos gerais, "que se desse alguma emenda aos escritos de Humanidades de Plauto, Terêncio, Horácio, Marcial e Ovídio"[5].

2. A. C. Guimarães, *op. cit.*, p. 20.

3. Luís Washington Vita, *Panorama da Filosofia no Brasil*, *op. cit.*, p. 20.

4. L. W. Vita, *op. cit.*, p. 24.

5. L. W. Vita, *op. cit.*, pp. 24-25. Cabe aqui uma observação: até certo ponto corresponde plenamente aos fatos o julgamento de Vita com relação à inquisição: "...a função do Tribunal do Santo Ofício não era destruir os judaizantes, mas fabricá-los, nem era assimilar os cristãos-novos, mas sim seqüestrá-los e multiplicá-los. O nome de 'cristãos-novos' era o apelativo demagógico com que o grupo dominante em Portugal desde meados do século XVI procurou afastar a burguesia da direção do Estado e da hegemonia econômica" (L. W. Vita, *op. cit.*,

Na verdade, portanto, não se tratava de um mero zelo evangelizador, mas, claramente, do estabelecimento de limites estreitos e controláveis onde os pensamentos, especialmente dos jovens, deveriam se mover – os devaneios dos jovens já eram, naquela época como hoje ainda, e sempre, altamente "perigosos". Tal limitação intelectual cuidadosamente cultivada deveria, à altura dos estudos superiores, preparar o "apego ao dogma e à autoridade"[6], que deveriam caracterizar os eruditos e cabeças pensantes da colônia, idéia que encontramos ainda, bem entrado o século XX, em um P. Leonel Franca. Dadas essas circunstâncias históricas – que também devem, naturalmente, ser lidas à luz do significado em seu tempo – não é de admirar que o livro pretensamente mais lido no Brasil do século XVIII levasse o pomposo e sugestivo título de *Peregrino da América, em que se tratam vários discursos espirituais e morais com várias advertências e documentos contra os abusos que se acham introduzidos pela malícia diabólica no Estado do Brasil*, de autoria de Nuno Marques Pereira (1652-1728)[7].

Este foi, então, o modelo "filosófico" largamente imperante no Brasil-colônia e que não se pode reduzir apenas ao modo de como os jesuítas, ou outra ordem religiosa, preservavam e incentivavam a fé cristã segundo a entendiam. Trata-se antes de uma matriz de controle intelectual que tende a se reproduzir continuamente – como, por exemplo, no tempo da reforma pomba-

p. 28). Todavia, o fenômeno da Inquisição é evidentemente muito mais complexo do que isso, envolvendo inúmeros níveis da vida pública e privada das pessoas, e os judaizantes e cristãos-novos (que não foram somente um 'apelativo demagógico') eram apenas um dos muitos grupos perseguidos por ela; outros grupos eram mesmo economicamente e politicamente muito fracos, e nem por isso passavam ao largo dos braços do Santo Ofício. Sobre o tema da Inquisição em geral e no universo luso-brasileiro, cf. por exemplo: Anita Novinsky, *A Inquisição*, São Paulo, Brasiliense, 1992 e *Cristãos Novos na Bahia*, São Paulo, Perspectiva, 2ª ed., 1992; Luiz Roberto Lopez, *História da Inquisição*, Porto Alegre, Mercado Aberto, 1993; Ronaldo Vainfas, *Trópico dos Pecados – Moral, Sexualidade e Inquisição no Brasil*, Rio de Janeiro, Nova Fronteira, 1997; Geraldo Pieroni, *Os Excluídos do Reino*, Brasília, Editora da Universidade de Brasília, 2000; São Paulo, Imprensa Oficial do Estado, 2000; Frédéric Max, *Prisioneiros da Inquisição*, Porto Alegre, L&PM, 1991; Anne L. Barstow, *La caza de Brujas – Historia de um holocausto*, Girona, Tikal Ediciones.

6. L. W. Vita, *op. cit.*, p. 25.

7. L. W. Vita, *op. cit.*, p. 26.

lina – e que deixa suas marcas claras ao longo de toda a história brasileira, justificando intelectualmente em épocas variadas (e, em muitas circunstâncias, chegando até à contemporaneidade) todo tipo de desmandos e arbitrariedades e favorecendo aquele que consideramos o mais funesto e penoso dos vícios intelectuais: a subserviência do pensamento a serviço do conservadorismo estéril e da violência dele advinda.

II. A época de Pombal

Também em Portugal tem o Iluminismo seus ecos. É de se notar, entretanto, que a forma que assume assemelha-se muito mais ao modelo italiano, cristão e católico, do que ao modelo francês, inglês ou alemão – trata-se antes de um Reformismo e de um Pedagogismo, traduzido em um programa político de governo[8].

Entre os fatos culturais que mais se destacam à época, sem dúvida se conta a famosa expulsão dos jesuítas (na verdade, supressão da Companhia de Jesus), em 9 de setembro de 1773. Tal feito foi a coroação de um longo empreendimento, como se pode deduzir do extenso trabalho documental que o antecedeu: "Sebastião José de Carvalho e Melo reuniu em dois pesados tomos tudo quanto dois séculos de queixas, de rivalidades e má-fé existia contra os jesuítas"[9]. Muito embora a censura não tenha sido extinta, mas substituída por outra, o Iluminismo português deu oportunidade à criação, por exemplo, da Academia de Ciências de Lisboa (que teve, como sócio correspondente, o enciclopedista d'Alembert), e inspirou idéias de liberação intelectual e política, por sua vez ferrenhamente perseguidas[10].

Entre as figuras, à época do Iluminismo português, cujas obras sobreviveram até nós, destaquemos as seguintes: Matias Aires da Silva e Eça, Francisco Luís dos Santos Leal e, especialmente, Luiz Antônio Verney, o "Barbadinho", com seu interesse pela modernidade e sua célebre obra *Verdadeiro Método de Estudar*.

8. Cf. L. W. Vita, *op. cit.*, pp. 31-32.

9. L. W. Vita, *op. cit.*, p. 29.

10. Cf. L. W. Vita, *op. cit.*, pp. 30-31. Seja lembrado por sua importância o contexto intelectual da Inconfidência Mineira.

Matias Aires da Silva e Eça, nascido em São Paulo, é autor de *Reflexões sobre a Vaidade dos Homens*, publicada em 1752, e *Problemas da Arquitetura Civil* aparecida postumamente em 1770[11]. O primeiro, trabalho especulativo de originalidade, pretende uma espécie de fenomenologia do ser humano, analisando seus afetos, desejos e inquietudes – por ele chamados de Vaidades[12]. O segundo livro, de índole mais empirista, dedica-se ao estudo das ciências naturais[13].

Por sua vez, Francisco Luís dos Santos Leal (1740-1818 ou 1820), sacerdote nascido no Rio de Janeiro, é autor de uma *História dos Filósofos Antigos e Modernos para Uso dos Filósofos Principiantes*, em dois tomos, publicada em Lisboa em 1788 e 1792. Seu projeto era amplo e difícil: compreender e influenciar o século em que vivia – o que lhe empresta uma tonalidade bastante diferente dos manuais então disponíveis. Não obstante todas as suas carências, a pretensão do autor de ampliar horizontes de compreensão e formas de análise merece referência, devido à ousadia intelectual que a permeia[14].

Quanto a Luiz Antônio Verney, "máxima figura do século pombalino"[15], ousava não só contestar o imobilismo intelectual, como manifestar apreço pelas então novas e revolucionárias teorias de Galileu, Copérnico e Newton. Não se tratava de nenhum livre-pensador, mas de um homem religioso que não via, nas novas idéias e teorias científicas, nenhum conflito com sua fé, antes a corroboração desta: "não era Deus o Legislador do Universo conforme afirmara Newton?"[16]. Verney compôs uma obra com o título de *Verdadeiro Método de Estudar para ser Útil à República e à Igreja, Proporcionado ao Estilo e Necessidade de Portugal, Exposto em Várias Cartas Escritas pelo R. P. ... Barbadinho da Congregação da Itália ao R. P. ... Doutor na Universidade de Coimbra*, cuja primeira edição saiu em 1746 e desapareceu misteriosamente. O trabalho foi, todavia, reimpresso

11. Cf. L. W. Vita, *op. cit.*, p. 35.

12. Cf. L. W. Vita, *op. cit.*, p. 38; Jorge Jaime, *História da Filosofia no Brasil*, Petrópolis, Vozes, 1997, vol. I, pp. 64 e ss.

13. Cf. L. W. Vita, *op. cit.*, p. 40.

14. Cf. L. W. Vita, *op. cit.*, p. 46.

15. L. W. Vita, *op. cit.*, p. 32.

16. Cf. Aquiles Cortes Guimarães, *Pequenos Estudos de Filosofia Brasileira*, *op. cit.*, pp. 24-25.

em 1747 em grande tiragem. Apenas no século XX surge uma nova edição da obra.

III. Padre Antônio Vieira

Não obstante toda sua intensidade e pertinácia, é evidente que o modelo corrente de pusilanimidade e servilismo intelectual não conseguiu esterilizar completamente os espíritos. Houveram certamente incontáveis exemplos de inquietude intelectual, a imensa maioria infelizmente submersa no roldão da história e ainda aguardando sua devida valorização, alguns até sua descoberta; outros, porém, permanecem, ou são reencontrados contemporaneamente por uma releitura mais lúcida dos fatos históricos, como legítimos representantes de uma inteligência vigorosa que se manifesta em meios extremamente árduos e testemunha ao futuro sua grandeza. No contexto do presente estudo, e com referência à época e âmbito em foco, destacaremos uma figura dessa estirpe: o Padre Antônio Vieira com suas *Cartas* e seus *Sermões*.

O Padre Antônio Vieira, nascido em Lisboa em 1608 e falecido em 1697, homem de "gênio humaníssimo, urbano e cortês, o engenho quase sem igual"[17] e que "punha-se acima dos poderes constituídos em prol de uma organização social mais justa e humana"[18], apresenta-se como um dos mais brilhantes intelectuais lusófonos de todos os tempos.

Em uma época em que contradições, misérias e privilégios eram compreendidos tão-somente de forma *ontológica*, isto é, de uma forma que, ao existir, *definia* simultaneamente o único princípio válido de inteligibilidade das realidades em questão, Antônio Vieira ousa transcender as contingências e limitações de uma tal concepção de mundo e traduz as contradições de seu meio e sua época com espantosa lucidez[19]. No *Sermão da Quinta Dominga da Quaresma*, por exemplo, Vieira simula a entrada, com sua audiência, em uma casa fidalga portuguesa, repleta

17. André de Barros, *apud* Jorge Jaime, *op. cit.*, p. 49.

18. Jorge Jaime, *op. cit.*, p. 55.

19. Cf. Alfredo Bosi, *Dialética da Colonização*, São Paulo, Cia. das Letras, 1992, pp. 119-148.

de símbolos e alegorias de "fé católica cristianíssima", relatando então o que vê:

> Entremos e vamos examinando o que virmos parte por parte. Primeiro que tudo vejo cavalos, liteiras e coches: vejo criados de diversos calibres... vejo galas, vejo jóias, vejo baixelas... da janela vejo jardins e ao longe vejo quintas; enfim vejo todo o palácio e também o oratório; mas não vejo a fé. E por que não aparece a fé nesta casa? Eu o direi ao dono dela. Se os vossos cavalos comem à custa do lavrador... e as rodas e o coche que arrastam são dos pobres oficiais, que andam arrastados sem cobrar um real; como se há-de ver fé na vossa cavalariça? Se o que vestem os lacaios e os pajens... dependem das mesadas do mercador que vos assiste, e no princípio do ano lhe pagais com esperanças e no fim com desesperações... como se há-de ver fé na vossa família? Se as galas, jóias e as baixelas, ou no Reino, ou fora dele, foram adquiridas com tanta injustiça e crueldade... como se há-de ver fé nessa falsa riqueza?... Se a Primavera está rindo nos jardins... e as fontes estão nos olhos da triste viúva e órfãos... como se há-de ver a fé... nem a sombra dela na vossa casa?[20].

Vieira penetra na teia simbólica e extrai a hipocrisia que a sustenta; vê além dos símbolos e da ordem das grandezas para destacar o *antes* e o *depois*; ressalta as contradições veladas por princípios e fundações ontológicas pretensamente intocáveis e atemporais ao despi-los em sua historicidade, em sua constituição através dos tempos – as galas e baixelas não somente foram *adquiridas*, mas o foram com *injustiça* e *crueldade*; os oratórios são ocos, porque o que quer que pretendessem representar, está velado pela realidade maior da iniqüidade *efetivamente* exercida. Pretensos símbolos de piedade religiosa nada mais são do que indicação de violência e injustiça, porque seu valor não sobrevive sem algo anterior a eles – no caso, a caridade cristã – que o legitimasse. "O rei está nu".

Como aqui, em muitas passagens pode-se observar a eloqüência profética de Vieira. No caso da escravidão, denunciou com intensidade, no século XVII, uma situação que perdurou por mais duzentos anos e muitos que a justificavam até mesmo em nome de Deus e da fé... "Na construção de Vieira reforçam-se mutuamente o discurso da sensibilidade, que vê e exprime intensamente a dor do escravo, e o discurso do entendimento, capaz de acusar o caráter iníquo de uma sociedade onde homens criados pelo mesmo Deus pai e remidos pelo mesmo Deus filho

20. *Apud* Alfredo Bosi, *Dialética da Colonização*, *op. cit.*, pp. 131-132.

se repartem em senhores e servos"[21]. Em suma, traduz a realidade enquanto radical injustiça:

> estes homens não são filhos do mesmo Adão e da mesma Eva? Estas almas não foram resgatadas com o sangue do mesmo Cristo? Estes corpos não nascem e morrem, como os nossos? Não respiram o mesmo ar? Não os cobre o mesmo céu? Não os aquenta o mesmo sol? Que estrela é logo aquela que os domina, tão triste, tão inimiga, tão cruel?[22]

Assim, imerso embora nas contradições de seu tempo, não faltou ao Padre Vieira lucidez nem coragem para dizer o que via e sentia; ele transcende a sua época, ao mostrá-la a ela própria, à posteridade que tenta entendê-la e ao Brasil como um todo.

21. A. Bosi, *op. cit.*, p. 144.
22. Antônio Vieira *apud* Alfredo Bosi, *op. cit.*, pp. 144-145.

Capítulo III

O Século XIX e Inícios do Século XX

O século XIX se constituiu como época de definitivas transformações no Brasil e no mundo; as conseqüências da modernidade enviavam seus ecos a recantos afastados, e a vinda da Corte determinou novas formas de compreensão do sentido da terra do Brasil. Novas idéias chegavam com maior abundância, e a facilitação das comunicações exercia um papel fundamental na relativa "atualização" científica e literária da Colônia que se transformava em "Metrópole". A parcialidade da recepção de novas idéias, porém, – devido, entre outros fatores, às dificuldades lingüísticas – determinou em boa parte a precariedade de muitas informações que serviram de base a estudos filosóficos daquela época. Não obstante, a ocorrência de pensadores como Antônio Pedro de Figueiredo evidenciava um crescimento qualitativo na análise das condições históricas efetivas do Brasil, avançando para além da mera e consagrada reprodução de manuais filosóficos importados, muitos deles de escasso valor intelectual.

Destacaremos neste contexto os seguintes temas de estudo: a figura do Padre Diogo Feijó, o Ecletismo, o Positivismo, o Cientificismo evolucionista e a reação ao Positivismo e ao Cientificismo na forma do Espiritualismo de Farias Brito. Além da ainda incompreendida figura do Visconde de Mauá, de fundamental importância no concerto das idéias do século XIX no Brasil.

I. Diogo Feijó e a procura de um diálogo com Rousseau e Kant

O século XIX, que assistiu tantas agitações políticas e culturais brasileiras e internacionais, apresenta-nos na filosofia um pensador interessante: o Padre Diogo Feijó (1784-1843), geralmente reconhecido apenas por sua atividade política como deputado, ministro, senador e finalmente Regente do Império a partir de 1835; era também polemista e filósofo, dedicado ao estudo do criticismo kantiano e de outras correntes filosóficas contemporâneas. Em seus *Cadernos de Filosofia*, redigidos para facilitar o estudo dos alunos, dedicava-se, já em 1818, a transmitir a seus alunos aspectos centrais do pensamento kantiano – que, como bem nota L. W. Vita, morrera havia apenas quatorze anos – bem como se interessava pelo pensamento de Rousseau, tendo tido na idéia de um pacto social como fundamento da sociedade civil uma de suas mais fortes convicções, segundo M. Reale[1]. No preâmbulo de suas "Indicações" às Cortes de Lisboa, pode ser lido:

> Nenhuma associação é justa quando não tem por base a livre convenção dos associados; nenhuma sociedade é verdadeira, quando não tem por fim as vantagens dos indivíduos que as compõem. Um homem não pode, não deve impor leis a outro homem; um povo não tem direito algum a obrigar outro povo a sujeitar-se às suas instituições sociais. O despotismo tem podido atropelar estas verdades, mas o sentimento delas ainda não pôde ser de uma vez sufocado no coração do homem [...][2].

Notamos aqui uma tonalidade bastante moderna na estrutura da argumentação, e, quanto ao conteúdo geral, poderia ser provavelmente subscrito por muitos filósofos contratualistas de fins do século XX.

1. Cf. L. W. Vita, *op. cit.*, pp. 58-60; J. Jaime, *op. cit.*, pp. 111-116.
2. Diogo Feijó, *apud* J. Jaime, *op. cit.*, p. 115.

Temos, portanto, em Feijó, alguém que procura não simplesmente resgatar parâmetros filosóficos de um passado consagrado, mas, antes – provavelmente necessitando fundamentar suas convicções e ações políticas – procura compreender e dialogar com correntes filosóficas européias que surgem já na modernidade e cuja primeira recepção nem ao menos se completara em seus locais de origem.

II. Ecletismo

O Ecletismo Ilustrado de Victor Cousin, que pretendia pedir "por empréstimo (a todas as escolas) o que têm de verdadeiro e (eliminar) o que têm de falso"[3], chegou a constituir, de 1840 a 1880, a primeira e única escola filosófica oficial do Brasil, aliás muito bem articulada com a "situação política conciliadora de sua época... No império de Pedro II foi o Ecletismo recebido com aplausos gerais, graças à inércia política daquela sociedade escravocrata e semipatriarcal..."[4]. É muito provável que os princípios gerais do ecletismo, com suas teses conciliatórias, bem servissem à tentativa de apaziguamento das crescentes tensões culturais e sociais do império, sendo por isso incentivados enquanto ortodoxia filosófica no decadente regime de então.

Entre os principais representantes do Ecletismo no Brasil temos:

Frei Francisco de Mont'Alverne (1784-1858)

O autor das *Obras Oratórias* e de um *Compêndio de Filosofia*, famoso por seus dons oratórios, foi cedo nomeado pregador oficial da corte por D. João VI. Juntamente com outros representantes da mesma escola, representa, segundo Sílvio Romero, aquela estirpe de intelectuais e filósofos menos interessados em entender os mistérios do ser humano e do mundo do que em construir pensamentos de forma a "limar a argúcia e secundar a loqüela"[5].

3. Victor Cousin, *apud* L. W. Vita, *op. cit.*, p. 63.
4. Cf. L. W. Vita, *op. cit.*, pp. 62-63.
5. *Apud* L. W. Vita, *op. cit.*, p. 64.

Eduardo Ferreira França (1809-1857)

Também pertencente ao movimento, o médico Eduardo Ferreira França adquiriu fama em sua época como cientista sério. Escreveu uma obra em dois tomos intitulada *Investigações de Psicologia*, onde estuda a incipiente psicologia experimental de sua época e pretende oferecer, em nome de um espiritualismo exacerbado, uma alternativa aos modelos psicofísicos de compreensão do pensamento.

Manuel Maria de Morais e Vale (1824-1886)

Outro médico, autor de *Considerações sobre a Mendicidade*, cuja referência consta por sua forma de abordar algumas questões sociais importantes de sua época como, por exemplo, os despossuídos e sua transformação em tema psicopatológico e moral, de forma que faria escola no Brasil desde fins do século XIX e até bem entrado o século XX, e inclusive o século XXI[6]. De fato, Morais e Vale, em seu livro acima citado, condena a mendicidade ao seguinte estilo: "lepra contagiosa que invade toda classe de indivíduo"[7].

Domingos José Gonçalves de Magalhães (1811-1882)

Conhecido na literatura como o introdutor do romantismo no Brasil, Gonçalves de Magalhães, discípulo predileto e biógrafo de Mont'Alverne, secretário do Duque de Caxias, recebeu o título de Visconde do Araguaia e abandonou a docência da filosofia para dedicar-se à carreira diplomática. Pretendia, na filosofia, a conciliação entre o pensamento inglês, o Ecletismo francês e o Ontologismo italiano.

6. A transformação de questões sociais em questões morais e individuais é uma das estratégias mais usadas para exorcizar a necessidade de procurar as reais causas dos problemas. A recente tentativa de reduzir a idade penal, a pretexto de diminuir a violência nas grandes cidades, é um indicativo eloqüente deste fato; em lugar de analisar a gênese do problema dos menores infratores, atenta-se simplesmente para o epifenômeno de uma sociedade em si violenta e injusta em sua origem, evitando com isso a reconsideração radical da questão.

7. *Apud* L. W. Vita, *op. cit.*, p. 68.

Antônio Pedro de Figueiredo (1814-1859)

Figura de muito maior importância filosófica e densidade intelectual que outros representantes do Ecletismo, Antônio Pedro de Figueiredo, "que em momento algum é superficial ou vazio, graças ao seu engajamento e participação nos anseios sociais de seu tempo"[8], foi chamado de "o Cousin Fusco", devido ao fato de ser mulato e haver traduzido o *Curso de História da Filosofia Moderna*, de Victor Cousin. Inspirado pelos chamados "socialistas utópicos" Owen, Fourier e Saint-Simon, estabelece uma ampla teoria da sociedade, analisando, de forma bastante original, a articulação entre o indivíduo e a sociedade. Fundou a revista *O Progresso* (que circulou em Pernambuco, de 1846 a 1848), em cuja "Exposição de Princípios" dá mostras de uma ousadia intelectual extremamente rara:

> na esfera das idéias filosóficas, pretendemos nós arvorar a bandeira do livre pensamento. Persuadidos de que para a razão do homem só há legítimos os dados da razão, não aceitaremos senão aquilo que nos apresentar o caráter de evidência, e não reconhecemos dogma algum que tenha o privilégio de dirigir os nossos atos, antes de nos ter convencido o espírito[9].

Além disso, em uma mostra concreta de uma atividade intelectual pouco afeita a convencionalismos, traduziu também *As Sete Cordas da Lira*, de Georges Sand[10]. Em um Brasil muitas vezes engessado de forma trágica pelo medo do pensamento e da autonomia intelectual, uma tal ousada profissão de fé é não só extremamente rara, mas auspiciosa, no sentido de evidenciar que, em nossa história, sempre houve intelectuais que se negaram a ocupar o papel de meros figurantes nos jogos de manutenção do poder e ousaram expressar de forma inequívoca sua posição, correndo com isso todos os riscos que tal exposição pode significar, e semeando sementes de coragem na posteridade. Bem mais importante que os aspectos doutrinais de seu pensamento e que sua confiança irrestrita no progresso, cumpre aprofundar o sentido da coragem de Antônio Pedro de Figueiredo, que ousou dizer o que pensava em um império escravocrata e decadente, capitaneado por uma figura medíocre e "bocejante [...] que se

8. L. W. Vita, *op. cit.*, pp. 72-73.
9. Antônio Pedro de Figueiredo, *apud* L. W. Vita, *op. cit.*, pp. 72-73.
10. Cf. Antônio Paim, *op. cit.*, p. 409.

sentia no íntimo um polígrafo e um humanista"[11]. Antônio Pedro de Figueiredo é ainda um intelectual por ser descoberto.

III. Positivismo

Ao longo do século XIX, o movimento filosófico europeu que mais influência estabeleceu no Brasil (e não só aqui, como também, por exemplo, no Chile e no México) foi, sem dúvida, o Positivismo. No Brasil, foi intensa sua influência especialmente nos estados do Rio Grande do Sul (por exemplo, o influente estadista Júlio de Castilhos) e do Rio de Janeiro. Nesses estados, especialmente, é visível ainda hoje a arquitetura, estatuária etc., estabelecidas a partir da visão positivista de realidade[12]. A tal ponto chegou a influência do Positivismo no Brasil, que se fixou no símbolo maior do país, a bandeira nacional, na forma de um dos lemas de Augusto Comte.

Mas não se trata, aqui, de uma escola filosófica homogênea, com alguns poucos representantes ortodoxos, e, sim, de um determinado espírito de uma época, antimetafísico e cientificista, baseado na crença irrestrita na capacidade de a razão positiva organizar os dados da experiência – os únicos válidos, a rigor, para o positivismo –, no sentido de entender a natureza, tida como uma estrutura fechada de causalidades necessárias. O positivismo é, a rigor, a forma geral de como o século XIX entendia o fazer da ciência, ao mesmo tempo em que, ao constituir pretensamente uma antimetafísica, acaba se postulando como um princípio fundante da realidade e, portanto, também uma espécie de "metafísica".

É bastante difícil estabelecer com clareza como princípios de origem positivista foram apropriados nos diversos campos da cultura e, especialmente, da política, no Brasil; o certo, porém, é que tal conjunto de idéias contribuiu em boa medida para muito do que se consideram "avanços" no terreno ideológico e social, ao questionar profundamente o imobilismo de certas elites políticas e econômicas do início do século. O caso do Rio

11. L. W. Vita, *op. cit.*, pp. 63-65.

12. Cf. Arnoldo Doberstein, *Estatuários, Catolicismo e Gauchismo*, Porto Alegre, EDIPUCRS, 2000.

Grande do Sul é, neste sentido, paradigmático, e merece um exame atento[13].

De qualquer modo, foi o positivismo, realmente, em suas diversas tradições e campos de influência, uma das doutrinas mais abrangentes e persistentes no Brasil em todos os tempos. Qual a razão para esta predileção? Muitas são certamente as causas, mas uma é relativamente fácil de detectar: percebida a necessidade de desenvolver os novos países, procuraram seus líderes formas de fazê-lo da forma mais rápida possível, e o positivismo, com sua série de princípios claramente inteligíveis, ofereceria um instrumento adequado a tais anseios.

É necessário, porém, que se faça distinção entre dois modelos de recepção positivista no Brasil. Por um lado, temos os chamados "positivistas ortodoxos", cultuadores da religião positivista, que procuravam seguir à risca os preceitos do mestre Comte, vivendo austera e totalmente dedicado ao apostolado da religião positivista. Entre eles, sobressaem-se Benjamin Constant Botelho de Magalhães (1833-1891), Miguel Lemos (1854-1916) e Teixeira Mendes (1855-1927), os quais fundaram conjuntamente, em 1876, a Sociedade Positivista do Brasil e, em 1881, o Apostolado Positivista do Brasil. Foram cultores estritos da doutrina de Auguste Comte, tendo sido considerados figuras proeminentes da história do positivismo mundial[14].

Por outro lado temos aqueles que, se bem que influenciados pelo positivismo, dele não fizeram uma profissão de fé cega, mas tentaram integrar alguns de seus princípios relevantes às questões do pensamento e da vida nacional. Entre os que tentaram, a partir do positivismo, tratar de questões culturais e filosóficas nacionais, porém sem se aterem à doutrina estrita, temos os seguintes:

Luís Pereira Barreto (1840-1923)

Autor do trabalho incompleto *As Três Filosofias* (do qual vieram à luz dois tomos: *Filosofia Teológica*, em 1874, e *Filo-*

13. Cf. Alfredo Bosi, *Dialética da Colonização*, *op. cit.*, pp. 281-304. Para uma apresentação circunstanciada da complexa questão sócio-política-cultural do positivismo no contexto do sul do Brasil, cf. por exemplo René Gertz, *O Aviador e o Carroceiro – Política, Etnia e Religião no Rio Grande do Sul dos Anos 1920*, Porto Alegre, EDIPUCRS, 2002.

14. Cf. L. W. Vita, *op. cit.*, p. 81.

sofia Metafísica, em 1876), Pereira Barreto é considerado um dos mais importantes representantes do positivismo brasileiro, devido à sua tentativa de aplicar a "lei dos três estados" positivista à situação brasileira[15].

Alberto Sales (1857-1904)

Alberto Sales dedicou-se especialmente às questões da política, embora tivesse também outros campos de interesse, já que foi também jurista e pedagogo. Foi um dos mais importantes ideólogos da república, a qual pretendia pensar como um sistema organizado racionalmente segundo os princípios de Comte e Spencer.

Pedro Lessa (1859-1921)

Autor de *É a História uma Ciência?*, *Discursos e Conferências* e *Estudos de Filosofia do Direito*, acreditava na validade das especulações metafísicas para tratar de fenômenos incognoscíveis cientificamente, diferentemente de outros positivistas que apresentavam absoluto rechaço à metafísica tradicional.

Vicente Licínio Cardoso (1889-1931)

Autor de uma *Filosofia da Arte* fortemente influenciada pelo positivismo, porém transcendendo seus limites estreitos, dedicou-se, desde a referência positivista, ao estudo de problemas nacionais, procurando estabelecer uma interpretação do Brasil. Foi professor na Escola Politécnica do Rio de Janeiro.

IV. Evolucionismo e cientificismo monista

O evolucionismo, tal como compreendido em fins do século XIX, é uma evolução do positivismo. Abandonando os princípios gerais de uma doutrina de conduta, na verdade assume o mais essencial da idéia positivista e o traduz em termos científi-

15. Cf. L. W. Vita, *op. cit.*, p. 77.

cos, segundo o que por "ciência" entendiam os cientistas do século XIX (o que de forma alguma impede que, hoje ainda, muitos cientistas – e não os menores dentre eles – acabem por seguir de forma mais ou menos inconsciente exatamente os mesmos princípios que orientavam seus colegas de 150 anos atrás, como se o mundo, e as próprias concepções de mundo, não houvessem mudado de forma extraordinária). Entre estas crenças estavam também os princípios de um Monismo tal como apresentado por Haeckel –

> uma unidade do universo, sem antítese entre espírito e matéria; identidade entre Deus e mundo, que não foi criado, mas que evolui segundo leis eternas; negação de uma força vital independente das forças físicas e químicas; mortalidade da alma, não aceitação da oposição estabelecida pelo cristianismo entre os fins da carne e os fins do espírito; excelência da natureza; racionalismo; religião da ciência do bem e da beleza[16].

No Brasil, o Cientificismo – especialmente sob a forma de Evolucionismo – fez grande sucesso. Seus mais conhecidos representantes são os chamados membros da Escola de Recife – Tobias Barreto, Sílvio Romero e Clóvis Bevilacqua[17]. Destacaremos também a figura do importante escritor Euclides da Cunha.

A Escola de Recife: Tobias Barreto (1839-1889)

Tobias Barreto, que chegou a publicar na cidade de Escada, no sertão pernambucano, um jornal chamado *Deutscher Kampfer* (Combatente Alemão), desenvolveu em Recife, na faculdade de Direito, um monismo particular, com conotações "espiritualistas".

A Escola de Recife: Sílvio Romero (1851-1914)

Sílvio Romero é mais conhecido como crítico literário do que como filósofo; escreveu o primeiro livro sobre a filosofia no Brasil, publicado em Porto Alegre, em 1878. Definia-se como alguém inquieto que muito prezava sua liberdade de pensamen-

16. *Apud* L. W. Vita, *op. cit.*, p. 86.
17. Sobre a Escola de Recife em seu contexto de surgimento e significado, cf. Antonio Paim, *op. cit.*, pp. 486-521.

to, não obstante suas confessadas influências positivistas: "Sou eu, pois, sectário do positivismo e do transformismo? Sim; entendendo-os porém dum modo largo e não sacrificando a minha liberdade de pensar a certas imposições caprichosas que os sistemas possam, porventura, apresentar"[18].

A Escola de Recife: Clóvis Bevilacqua (1859-1944)

Clóvis Bevilacqua, nascido em Viçosa, Ceará, em 1859, e falecido no Rio de Janeiro, foi filósofo e jurista. Seu itinerário intelectual passa pelo positivismo de Comte através de Littré, pelo monismo de Haeckel e finalmente pelo evolucionismo de Herbert Spencer. Escreveu variados livros tratando, quase todos, de filosofia do direito e de códigos diversos.

Euclides da Cunha (1866-1909)

O autor d'*Os Sertões*, espírito inquieto e constantemente debruçado sobre os grandes problemas de seu tempo e de sua gente, confessava haver sofrido o "domínio cativante de Augusto Comte"[19]. Suas concepções filosóficas, de marcado cunho evolucionista à Spencer, sofria continuamente de outros influxos, incluindo, no fim da vida, o de Ernst Mach[20].

V. Espiritualismo

O positivismo de estilo cientificista e evolucionista e suas derivações tardias no fim do século XIX terão sido as últimas

18. *Apud* L. W. Vita, *op. cit.*, p. 90.
19. *Apud* L. W. Vita, *op. cit.*, p. 92.
20. Não se pode deixar de fazer referência, neste ponto, à proliferação das idéias eugenistas que se encontram em muitos dos pensadores do fim do Império e da primeira república, estendendo sua influência até bem entrado o século XX. Sua preocupação maior era a constituição de um país "saudável" e, para tanto, julgavam imprescindível o "branqueamento" da população. O próprio Euclides da Cunha é um representante deste modelo de pensamento: "A mistura de raças mui diversas é, na maioria dos casos, prejudicial. Ante as conclusões do evolucionismo, ainda quando reaja sobre o produto o influxo de uma raça superior, despontam vivíssimos estigmas da inferior. A mestiçagem etremada é um retrocesso... o mestiço... é, quase sempre, um desequilibrado" (Euclides da Cunha, *Os Sertões*, São Paulo, Cultrix/MEC, 1975, p. 96, *apud* Maria Amélia Idiart

expressões de um determinado otimismo cultural na cultura européia que, desde bom tempo, já dava sinais de arrefecimento[21]. No Brasil, a mais notável resistência ao otimista modelo de representação da realidade que o positivismo representava é dado pelo espiritualismo, especialmente a partir da influência de Henri Bergson, filósofo francês (1859-1941). Um dos maiores e mais conhecidos representantes do antipositivismo no Brasil foi o cearense Raimundo de Farias Brito.

Farias Brito (1862-1917)

Raimundo de Farias Brito, autor de *Evolução e Relatividade* e *A Verdade como Regra das Ações*, entre muitas outras publicações, tem sido um dos mais estudados pensadores brasileiros no campo da filosofia[22]. Seu pensamento tem sido chamado de pampsiquista por muitos de seus críticos. Para ele, a filosofia conduz, através de duas ordens de experiências, a objetiva, externa (realidade física), e a subjetiva, da consciência (realidade psíquica), a uma unidade básica: a "coisa em si", o *noumenon* da linguagem kantiana. Todavia, a "coisa em si" de Brito tem um outro sentido do que aquele de Kant: é a própria inteligência criadora – a inteligência do universo, um espírito, ou força movente, no interior do ser humano e no exterior da subjetividade, na objetividade da realidade externa. A matéria é, para ele, uma mera função do espírito.

A metafísica de Farias Brito parece realmente convergir numa espécie de Panteísmo, onde Deus assume a figura de um

Lozano, "A Repercussão das Idéias do Escritor Lima Barreto e a Contemporaneidade do seu Projeto Estético", em M. T. R. Ribeiro (org.), *Intérpretes do Brasil – Leituras Críticas do Pensamento Social Brasileiro*, Porto Alegre, Mercado Aberto, 2001, p. 53). Essas idéias eram extremamente difundidas na época, representadas por muitos partidários do positivismo e do evolucionismo: além do próprio E. da Cunha, Sílvio Romero, por exemplo. E o próprio Tobias Barreto, negro, defendia a "germanização" da ciência brasileira. Por outro lado, não é possível olvidar que Gobineau foi amigo de Dom Pedro II.

21. Cf. nosso livro *Totalidade & Desagregação – Sobre as Fronteiras do Pensamento e suas Alternativas*, *op. cit.*, especialmente pp. 15-29.

22. Cf. Victorino Felix Sanson, *A Metafísica de Farias Brito*, Niterói, Universidade Federal Fluminense, 1977; Thadeu Weber, *A Filosofia como Atividade Permanente em Farias Brito*, Porto Alegre, PUCRS, 1985; Carlos Lopes de Mattos, *O Pensamento de Farias Brito*, São Paulo, Herder, 1962, etc.

meio infinito no qual os acontecimentos finitos sucedem, enquanto realização da finalidade do mundo, sua Verdade, cujo conhecimento é a máxima moral por excelência.

Jackson de Figueiredo (1891-1928)

Muito embora atuante ao longo dos primeiros decênios do século XX, Jackson de Figueiredo é em boa medida um homem do século XIX. Influenciado por Nietzsche, Pascal, Farias Brito, Henry-Frédéric Amiel, Bergson, Joseph de Maistre, Charles Maurras e Henri Massis, foi uma espécie de místico arrebatado e fanático, empenhado em atacar aquilo que julgava ter culpa na derrocada do modelo de cristandade no século XIX – especialmente o liberalismo que caracterizaria um Brasil "descristianizado" e em rápida mutação. Escreveu, entre outros, os livros *Algumas Reflexões sobre a Filosofia de Farias Brito* e *Pascal e a Inquietação Moderna*. Fundou em 1921 a revista *A Ordem* e em 1922 o Centro Dom Vital, "com o objetivo de reunir o escol da *intelligentsia* brasileira para as lutas apostólicas, defesa da igreja e da ordem social vigente, lutando contra os pruridos revolucionários no plano da inteligência e dos fatos"[23]. Pessoa possuída por vezes de ódio incontrolável, ao ponto de matar animais de estimação, passou sua vida, especialmente depois de convertido ao catolicismo, a defender o *status quo*; "seu grande feito consistirá [...] em haver dado um princípio programático ao conservadorismo, a partir do qual se poderia estruturar uma plataforma aglutinadora. Essa a princípio era a Ordem e a Autoridade"[24]. "Convencido de que a pior legalidade é sempre melhor que a revolução, exaltara o fascismo, não tendo sido mero acaso que do círculo jacksoniano saísse o movimento integralista"[25], constituindo-se, assim, segundo Alceu de Amoroso Lima, no precursor do obscurantismo que o Brasil haveria de enfrentar algumas décadas após.

23. L. W. Vita, *op. cit.*, p. 102.
24. A. Paim, *op. cit.*, p. 182.
25. L. W. Vita, *op. cit.*, p. 101.

VI. O pensamento social e econômico no século XIX: o exemplo de Mauá

Trata-se de um fenômeno notável, característico da história das idéias no Brasil, que, muitas vezes, figuras de menor relevância são valorizadas em detrimento de outras cujo estudo do verdadeiro significado é apenas incipiente. Um exemplo desta ordem é o Visconde de Mauá (Irineu Evangelista de Souza, 1813-1883), cujas idéias não apenas teóricas, mas aplicadas – as quais contaram com imensa resistência de todas as formas de tradicionalismo então imperantes – conseguiram, apesar de todas as imensas dificuldades que enfrentaram, modificar substancialmente uma série de situações vigentes, e mesmo paisagens, no decadente império brasileiro da segunda metade do século XIX. Mauá foi mais do que simplesmente um liberal do século XIX; foi alguém em cujo núcleo habitavam convicções e energias muito além daquilo que passou à história oficial, ou que se pensa ter passado à história propriamente dita e instalou-se como lugar-comum. A excessiva valorização que no Brasil ainda gozam as retóricas vazias e as idéias bem-acabadas, ainda que meramente "ornamentais", faz com que, muitas vezes, não se perceba o que as convicções realmente indicam. Mauá não foi alguém que perdesse tempo com a *razão ornamental*, tal como a caracteriza Roberto Gomes. Como Padre Vieira, Antônio Pedro de Figueiredo, Alceu Amoroso Lima, Ernani Fiori e Paulo Freire, entre muitos outros, não tinha receio das conseqüências de transformar idéias em atos, transcendendo assim decisivamente a tautologia de seu tempo e a medrosa subserviência intelectual em todos os seus gêneros. Por terem *assumido* plenamente seu tempo, são figuras contraditórias; e é nesta contradição que devem ser compreendidas, sem romantizações ou imputação de falhas que só são visíveis cem ou duzentos anos depois. Como em muitos outros casos, a recepção do pensamento de Mauá apenas se inicia – não obstante as aparências em contrário; pois apenas recentemente a crítica cultural se autonomiza entre nós o suficiente para se permitir lidar com a complexidade de *sentidos* das atitudes intelectuais e pragmáticas de nossas figuras realmente relevantes.

Capítulo IV

O Século XX

I. Introdução: filosofia da cultura – crise, criação e rupturas

O século XX na cultura e sociedade brasileira caracteriza-se, como em todo mundo, por constituir-se na época por excelência da *crise de fundamentos*; em nossa leitura, não uma crise no sentido do decadentismo desconsolado ou de apologia da restauração, mas crise enquanto radical *ruptura* com estruturas fornecedoras de segurança no passado, no sentido como desenvolvemos este tema em nosso ensaio "O Século XX e a Desagregação da Totalidade"[1] e em outros textos. A nova mobilização de forças produtivas intelectuais deriva em inusitados frutos tanto na Europa como no Brasil – e a Semana de Arte Moderna, seu contexto, suas raízes e conseqüências, é uma das amostras eloqüentes de tal fato[2]. A infinita riqueza da literatura brasileira no

1. Em R. T. Souza, *Totalidade & Desagregação – Sobre as Fronteiras do Pensamento e suas Alternativas*, *op. cit.*, pp. 15-29.

2. Compartilhamos a opinião de Luís Augusto Fischer e outros, para quem o surgimento do Modernismo no Brasil, em sua leitura "oficial" – a Semana de Arte Moderna –, não parece se constituir em uma inédita explosão energética sem

século XX é testemunha de todo o universo de sentido que se abre quando as próprias raízes da cultura vão sendo expostas. Nesse espírito, o que as ciências humanas de melhor produziram no Brasil do último século assume sua feição mais exigente e propõe questões fundamentais às novas gerações – como um Brasil revisitado por dilaceramentos e superações que constituem sua melhor substância.

Evidentemente, a filosofia não permanece – exceto em raros casos, e não no pensamento mais significativo – afeita simplesmente a um passado, a rigor, irrecuperável. Como outras expressões culturais, é obrigada a buscar seu estatuto próprio, em um mundo que se complexifica extremamente.

A seguir serão apresentados, a par de breves estudos sobre instituições de pesquisa e ensino e institutos de estudos avançados, alguns exemplos significativos do pensamento brasileiro do século XX, com conexões evidentes às grandes questões filosóficas que o século e o país propõem a quem ousa tentar pensá-los.

II. A criação das universidades

Convém que iniciemos a abordagem da produção filosófica brasileira no século XX acompanhando o surgimento das instituições que preponderantemente a abrigaram. Uma primeira questão se propõe: dado que muitos dos pensadores que produziram filosofia ao longo do século XIX eram já professores universitários, por que apenas agora estamos tratando especificamente da instituição Universidade?

A resposta é dupla. Por um lado, é apenas no século XX que a instituição Universidade passa a ocupar entre nós o espa-

precedentes em outros centros e referências culturais. Por exemplo, e com referência ao mesmo crítico, em comunicação pessoal, a literatura de Simões Lopes Neto em nada se identifica com algum "Pré-modernismo" com relação ao Modernismo da Semana de 1922; significa, antes, a forma específica de tradução de uma atmosfera cultural que nada tem de arcaizante ou ingênua, porém extremamente criativa, ainda que não no mesmo diapasão da Semana de Arte Moderna. De um modo geral, as leituras generalizantes e classificatórias padecem, no século XX, de ainda mais riscos de impertinência analítica do que em outras épocas históricas, e isso é especialmente válido no caso da diversidade cultural brasileira.

ço que, em outras orbes culturais, lhe fora desde há muito reservado: o de centro específico para a produção científica não somente diversificada, mas interagindo ativamente com a sociedade e entre os diversos campos da produção do conhecimento. Por outro lado, no que tange diretamente à filosofia, é a partir especialmente de meados do século XX que se dá a criação dos centros e faculdades de ciências humanas – o local preferencial de geração de conhecimento filosófico.

Na verdade, os primórdios do ensino superior brasileiro são pouco conhecidos e parcamente documentados. Ao que parece, segundo estudos recentes, os primeiros graus universitários no Brasil – bacharéis em artes – foram concedidos pelo Colégio Jesuíta na Bahia, na Igreja dos Jesuítas, atual Catedral de Salvador, em 1572[3]. Após, foram concedidos graus mais elevados, confirmados posteriormente pelo Provincial da Companhia de Jesus[4].

As primeiras universidades no sentido que se aproxima do que hoje entendemos por esta palavra – centros de ensino superior e pesquisa – surgiram nas duas primeiras décadas do século XX e tiveram vida breve em sua estrutura original. A primeira, em Manaus, fundada em 1909, foi dissolvida em 1926; a de São Paulo, criada em 1911 foi igualmente dissolvida posteriormente. A terceira, no Paraná, foi fundada em 1912 e dissolvida em 1918[5].

A primeira universidade criada por decreto foi a do Rio de Janeiro, de 1920; tratava-se, porém, antes, de uma reunião formal de escolas profissionais que de uma instituição universitária propriamente dita. Ali não havia, por exemplo, espaço para pesquisas e ensino na área de filosofia e letras.

O governo Vargas criou, em 1931, o Estatuto das Universidades Brasileiras, imbuído de um novo conceito de universidade:

> no Decreto 19.851, evidenciou-se a intenção de que a universidade reunisse, sob a mesma direção intelectual e técnica, todo o ensino superior – fosse o de caráter utilitário e profissional, fosse o puramente científico e sem aplicação

3. Cf. Darcy Closs, "Reflexões sobre a Atualidade da Universidade Brasileira", em Valério Rohden (org.), *Idéias de Universidade*, Canoas, Ed. Ulbra, 2002, p. 169.
4. *Idem*, p. 170.
5. *Idem, ibidem*.

imediata, e que sua finalidade transcendesse "ao exclusivo propósito do ensino, envolvendo preocupações de pura ciência e de cultura desinteressada"[6].

Foi criada então, em janeiro de 1934, a Universidade de São Paulo (USP), por Armando Salles de Oliveira, "concretizando o ideal de um grupo de intelectuais paulistas que girava em torno de Júlio de Mesquita Filho, Fernando de Azevedo e Paulo Duarte"[7], com o propósito inicial de "cultivar as ciências, ajudar o progresso do espírito humano e dar às sociedades elementos para a renovação incessante de seus quadros técnicos, científicos e políticos". A USP, que teve como quadro inicial não somente intelectuais brasileiros de grande prestígio, como insignes professores estrangeiros, especialmente franceses, contribuiu decisivamente para a criação e manutenção de um *standard* qualitativo de alto nível, no qual foi acompanhada por algumas instituições congêneres.

Então, ao longo das décadas de 1940 e 1950, surgiram inúmeras universidades, não só públicas, como confessionais e privadas. Nas décadas de 1970, 1980 e 1990, observava-se um enorme crescimento quantitativo – de 67 universidades em 1984, temos 127 em 1994 e 155 em 1999; quanto ao total de instituições de ensino superior, onde se incluem faculdades e institutos isolados, passamos de 882 em 1980 a 1097 em 1999[8].

É evidente que tal proliferação quantitativa causa, por si só, inúmeros problemas em termos da manutenção de um patamar qualitativo mínimo; e este é um dos principais problemas a serem enfrentados atualmente.

III. O pensamento filosófico: neopositivismo e lógica simbólica

Entre as escolas filosóficas da transição século XIX- século XX que maior fascínio e influência exerceram nas construções filosóficas brasileiras, estão o empiriocriticismo de Ernst Mach,

6. D. Closs, *op. cit.*, p. 171.

7. S. Motoyama, *apud* B. Sorj, *A Construção Intelectual do Brasil Contemporâneo*, Rio de Janeiro, Jorge Zahar, 2001, p. 13.

8. *Idem*, pp. 171-172.

o neopositivismo da chamada Escola de Viena e suas derivações em termos de estudos de lógica simbólica. Tal fato não é de admirar, na medida em que tais escolas se constituem no fruto mais maduro de modelos positivistas mais antigos, modelos aos quais muitos representantes da academia filosófica brasileira fizeram sempre questão de prestar tributo.

Entre os representantes destas correntes, temos.

Pontes de Miranda (1894-1995)

Jurista e sociólogo, Pontes de Miranda marcou a vida filosófica do Brasil ao longo de praticamente todo o século XX. Inspira-se no empiriocriticismo de Ernst Mach e no Neopositivismo da Escola de Viena para construir seu sistema jurídico-filosófico. Autor de inúmeros livros sobre assuntos variados, apresenta, em seu *O Problema Fundamental do Conhecimento*, de 1937, uma visão peculiar de questões epistemológicas, ao propor a superação secular da oposição entre o realismo e o idealismo. O conhecimento verdadeiro adviria da capacidade de retirar do sujeito e do objeto suas dimensões específicas, salvaguardando o que têm em comum: ou seja, deve ser desprezado o que é "subjetivo" no sujeito e o que é "objetivo" no objeto, a fim de que a relação do conhecimento se constitua numa relação de ser (do sujeito) a ser (do objeto). A apreensão deste ser se daria através da ciência, que se constituiria em base de toda filosofia[9].

Euríalo Cannabrava (1908-1978)

Euríalo Cannabrava propugnava a redução da filosofia ao método crítico, pois a tarefa mais importante da filosofia consistiria em "esclarecer o mecanismo das operações construtivas para tornar explícitas as leis que regem a dinâmica interna do conhecimento"[10]. Assumiu para si, em 1957, em seus *Ensaios Filosóficos*, a missão de "defender o conceito de Filosofia científica contra as tentativas de reduzir a atividade especulativa ao mero exercício verbal ou à divagação inconsistente"[11], sendo a mais importante tarefa da filosofia "estabelecer critérios formais e

9. Cf. L. W. Vita, *op. cit.*, pp. 109-111.
10. *Apud* L. W. Vita, *op. cit.*, p. 112.
11. L. W. Vita, *op. cit.*, p. 114.

empíricos para a justificação da teoria científica"[12]. Entre seus livros contam-se, além dos citados *Ensaios Filosóficos*, *Elementos de Metodologia Filosófica*, *Introdução à Filosofia Científica*, *A Cultura Brasileira e seus Equívocos*, *Descartes e Bergson*, *Seis Temas do Espírito Moderno*, *Teoria da Decisão Filosófica: Bases Psicológicas da Matemática, Lingüística e da Teoria do Conhecimento*.

IV. O pensamento filosófico: culturalismo, historicismo, história das idéias

João Cruz Costa (1904-1978)

Chamado por Bento Prado Junior "o clássico da história das idéias no Brasil"[13] e por Luís Washington Vita "o mais significativo estudioso da história das idéias no Brasil"[14], influenciado por autores como Platão, Hegel, Marx, L. Brunschvicg, Wilhelm Dilthey, Miguel de Unamuno e Ortega y Gasset, João Cruz Costa é um pensador singular, que faz do enraizamento histórico a matéria-prima de seu pensamento, mas desde uma feição muito pessoal, cruzando elementos de idealismo histórico com dimensões da historicidade concreta da cultura. Filosofia, "cujas raízes estão na terra"[15], é, para ele, em suma,

> não uma ciência, mas uma atitude em face da vida, do mundo; um conhecimento incessantemente renovado e a se renovar, no que vai grandeza e, ao mesmo tempo, miséria de sua condição [...] é a abstração que não se perde no abstracionismo... aventura que não é apenas aventura do espírito, mas engajamento total no fluir concreto da existência histórica – história que não é cemitério, mas movimento, ação[16].

Entre seus livros se contam: *A Filosofia no Brasil*, *O Pensamento Brasileiro*, *Augusto Comte e as Origens do Positivismo*,

12. L. W. Vita, *op. cit.*, p. 114.

13. Bento Prado Jr., "Cruz Costa e a História das Idéias no Brasil", em R. Moraes; R. Antunes e V. Ferrante (orgs.), *Inteligência Brasileira*, São Paulo, Brasiliense, 1986, p. 101.

14. L. W. Vita, *op. cit.*, p. 120.

15. João Cruz Costa, *Contribuição à História das Idéias no Brasil*, Rio de Janeiro, Civilização Brasilieira, 1967, p. 12.

16. *Apud* L. W. Vita, *op. cit.*, p. 122.

o alentado volume *Contribuição à História das Idéias no Brasil, Panorama da História da Filosofia no Brasil, Pequena História da República, O Positivismo na República, Platão e os Diálogos.*

V. O pensamento filosófico: neotomismo e espiritualismo cristão

Leonel Franca (1893-1948)

Leonel Edgar da Silveira Franca, padre jesuíta nascido em São Gabriel (Rio Grande do Sul) e falecido no Rio de Janeiro, para quem "nem tudo é para rejeitar depois de Descartes" e que não teve outra meta senão discernir "o sistema verdadeiro dos errôneos"[17], foi um dos grandes apologetas do catolicismo nos inícios do século XX. Espírito extremamente inquieto, elaborou um grande volume de trabalhos ao longo de sua curta vida. Entre seus livros contam-se: *A Crise do Mundo Moderno, O Nacionalismo na Atualidade Brasileira, Noções de História da Filosofia, A Psicologia da Fé, Liberdade e Determinismo: A Orientação da Vida Humana, Polêmicas, Catolicismo e Protestantismo, A Igreja, a Reforma e a Civilização, O Protestantismo no Brasil* etc.

Leonel Franca, com sua verve polêmica e engajada, movimentou o ambiente filosófico brasileiro em vários níveis, contribuindo para crescentes discussões sobre temas contemporâneos, tais como a irrestrita confiança na técnica e as questões do humanismo, em seu pensamento compreendido sempre como humanismo religioso.

Armando Vieira da Câmara (1898-1975)

Armando Câmara, nascido e falecido em Porto Alegre, não foi um pensador excessivamente prolífico em termos quantitativos, não se dando o trabalho nem de conservar as inúmeras conferências que pronunciou[18]. Mesmo assim, são muitos os seus textos dispersos pela imprensa: no *Diário de Notícias*, no *Correio*

17. *Apud* L. W. Vita, *op. cit.*, p. 143.

18. Cf. L. A. De Boni (org.), *Armando Câmara – Obras Escolhidas*, Porto Alegre, EDIPUCRS, 1999. p. 12.

do Povo e, posteriormente, no *Jornal do Dia*[19]. Jurista, entre seus temas de predileção constam-se as questões da origem da filosofia, do conceito de justiça, da psicologia experimental, da universidade e seu sentido, do mundo contemporâneo e da religião, temas esses todos vistos desde o prisma de um modelo de catolicismo brasileiro dos inícios do século XX, ou seja, permanentemente preocupado em defender as "inteligências disciplinadas por uma milenar, nítida e profunda visão do ser e do homem"[20] contra as crises da civilização e o advento do comunismo, e mesmo contra as "femininas posições gideanas de disponibilidade doutrinal"[21].

Alceu Amoroso Lima (1893-1983)

Havendo deixado bem mais de oitenta livros ao longo de cinqüenta anos de carreira (dos quais pode-se ressaltar os seguintes, pela influência que assumiram historicamente: o famoso *Adeus à Disponibilidade e Outros Adeuses, Pela Reforma Social, Mitos do Nosso Tempo, O Problema do Trabalho, A Busca da Liberdade, Pelo Humanismo Ameaçado, Os Direitos do Homem e o Homem sem Direitos, Evolução Intelectual do Brasil, Tudo É Mistério*), Alceu de Amoroso Lima, que assume o pseudônimo de Tristão de Athayde a partir de 1919, ano em que inicia sua atividade como crítico literário, é um dos mais influentes pensadores do Brasil ao longo do século XX.

Tendo assumido, após a morte de Jackson de Figueiredo, a condução do Centro Dom Vital (estudos e desenvolvimento da cultura católica), imprime à entidade uma condução bastante renovadora. Havendo assistido aulas de Bergson na França, assume a representação do pensamento de Jacques Maritain no Brasil, especialmente ao longo das décadas de 1930 a 1950. Abandona o tom dogmático e prosélito de Leonel Franca e Figueiredo, assumindo crescentemente a posição de uma figura de diálogo com as mais diversas correntes de pensamento. Exerce, nos vários momentos em que o Brasil se vê assolado por regimes autoritários, a defesa do modelo democrático na política e na cultura.

19. L. A. De Boni, *op. cit.*, p. 12.
20. Armando Câmara, "O Comunismo e a Crise da Civilização" (1944), em L. A. De Boni (org.) *Armando Câmara – Textos Escolhidos, op. cit.*, p. 159.
21. *Idem*, p. 159.

Alceu Amoroso Lima, mantendo vivas suas inspirações neotomistas originais que o inspiraram desde sua conversão ao catolicismo, em 1929, procurou não descurar de nenhuma dimensão da cultura contemporânea, e constituiu-se num dos mais lúcidos filósofos cristãos do Brasil.

Ernani Maria Fiori (1914-1985)

Ernani Maria Fiori, nascido e falecido em Porto Alegre, representa o que de melhor o neotomismo e a filosofia do humanismo de Jacques Maritain semearam entre nós. Destaca-se de forma muito incisiva, pelo vigor e originalidade de seu *pensamento itinerante*, da média dos filósofos-juristas mais influentes da sua e das gerações que o antecederam. Na verdade, trata-se de um autor ainda a ser descoberto, não obstante o meritório trabalho de publicação de muitos de seus textos em dois volumes, tratando respectivamente o primeiro volume de questões afeitas a temas da metafísica e da história e o segundo de temas de política e educação[22].

Fiori é um autor importante desde diferentes pontos de vista. Do ponto de vista do conteúdo filosófico de sua especulação, inova ao assumir, no interior do próprio pensamento, dimensões hermenêuticas e históricas de fundamental importância. Do ponto de vista pedagógico, deixa uma quantidade de importantes discípulos e alunos diretos e indiretos, pessoas que assumem, da década de 1960 aos dias de hoje, importantes posições de liderança intelectual; do ponto de vista político, o fato de ter sido cassado pelo golpe militar de 1964 chama a atenção para a importância de sua posição política clara e aberta, em nome do pluralismo e do humanismo renovados pela necessidade de respostas às exigências da contemporaneidade[23].

Henrique Cláudio de Lima Vaz (1921-2002)

Henrique Cláudio de Lima Vaz – mais conhecido como Padre Vaz – foi um dos mais influentes filósofos brasileiros do século XX. Nascido em Ouro Preto, MG, em 1921 e falecido em

22. Cf. Maria S. Mascarello e M. T. Papaleo, (orgs.), *Ernani Maria Fiori – Textos Escolhidos*, vols. 1 e 2.

23. Depoimento da Profª Drª Dorilda Grolli, ex-aluna de Ernani Maria Fiori.

2002, em Belo Horizonte, foi jesuíta. Autor de vasta obra, na qual se destacam os sete volumes dos *Escritos de Filosofia*, Lima Vaz é autor de singular síntese no campo filosófico brasileiro. Articula, em sua formação e maturidade, elementos de proveniência cristã com aspectos diversos do pensamento da modernidade e da contemporaneidade, especialmente o pensamento de Hegel, e com este instrumental – que transita igualmente por Platão, Aristóteles, Agostinho, Tomás de Aquino, Descartes, Espinosa, Kant, Marx, Husserl, Heidegger, Teilhard de Chardin, Rahner, de Lubac – aborda uma enorme variedade de problemas filosóficos de grande importância, da ética à ontologia e metafísica, sempre em diapasão com as exigências particulares das diversas épocas históricas em que viveram, com seus problemas específicos. Entre suas contribuições mais notáveis está a proposição de uma particular e rica abordagem antropológica da realidade humana.

Deixou várias gerações de alunos e discípulos. No dizer de M. Aquino, "gerações inteiras de intelectuais brasileiros, que buscavam, nas décadas de 1950, 60 e 70, novos caminhos para o Brasil, encontraram na bagagem filosófica de Lima Vaz lúcidas chaves interpretativas dos acontecimentos históricos daqueles tempos. Toda uma geração de jovens intelectuais aprendeu a pensar com Pe. Vaz, naqueles anos, as questões mais abrangentes no espaço da ética, da política, da antropologia, da história e da sociedade"[24].

VI. O pensamento filosófico: marxismo e neomarxismo

Caio Prado Júnior (1907-1990)

Caio Prado Júnior, pensador de enorme importância no concerto intelectual brasileiro do século XX, autor do clássico *História Econômica do Brasil*, é também autor das seguintes obras, entre outras: *A Questão Agrária no Brasil*, *História e Desenvolvimento: a Contribuição da Historiografia para a Teoria e a Prática do Desenvolvimento Brasileiro*, *Evolução Política do*

24. Marcelo F. de Aquino, "*In memoriam.* Tributo ao Padre Vaz – Simplesmente um Filósofo", em *Filosofia Unisinos*, vol. 3, n. 5, jul.-dez./2002, p. 12.

Brasil e Outros Estudos, *A Revolução Brasileira*, *A Agricultura Subdesenvolvida*, *Dialética do Conhecimento*, *O Mundo do Socialismo*, *Esboço dos Fundamentos da Teoria Econômica*, entre outros. Historiador contemporâneo de Sérgio Buarque de Holanda e Gilberto Freyre, Caio Prado intenta uma grandiosa análise dos elementos constitutivos do Brasil desde o ponto de vista da história econômica do país em suas diversas nuances. Sua imensa obra, porém, não se reduz a um economicismo vulgar, traduzindo no seu âmago a pertinácia pela procura de categorias interpretativas mais conseqüentes para a compreensão do que podemos considerar o *fenômeno brasileiro*. Trata-se de um autor fundamental no pensamento brasileiro do século XX.

Leôncio Basbaum (1902-1969)

Leôncio Basbaum (Recife, 1902 – São Paulo, 1969) é autor de vasto número de livros, entre os quais destacamos: *História Sincera da República*, o muito conhecido *Alienação e Humanismo*, *Sociologia do Materialismo: Introdução à História da Filosofia*, o livro de memórias *Uma Vida em Seis Tempos*, *Caminhos Brasileiros do Desenvolvimento: Análise e Perspectivas da Situação Brasileira*. Professa um pensamento de inspiração marxista, no qual a filosofia, ao caminhar paralelamente à história, é como que uma determinada dimensão de visibilidade daquela, ao evidenciar-se como um "instrumento de ação e uma arma política, e, como tal, tem sido utilizada, em todos os tempos, consciente ou inconscientemente"[25].

VII. Outras escolas filosóficas: o pensamento existencial de Vicente Ferreira da Silva (1916-1963)

O autor do primeiro livro brasileiro sobre lógica matemática (*Elementos de Lógica Matemática*, 1940) acabou por notabilizar-se como representante e continuador de idéias do segundo Heidegger, na linha de superação de um antropocentrismo que afastaria o ser humano de sua radical finitude e das derivações

25. Leôncio Basbaum *apud* L. W. Vita, *op. cit.*, p. 127.

desta decorrentes. O pensamento de Ferreira da Silva, influenciado por Schelling e Nietzsche, estaria, segundo L. W. Vita, baseado em "um historicismo de base e um radical anti-intelectualismo e [...] pessimismo"[26], culminando, segundo Reale, em uma visão teogônica e mística da natureza e tarefa humanas[27]. Falecido prematuramente, seus trabalhos estão publicados em suas *Obras Completas*, em dois volumes, em edição do Instituto Brasileiro de Filosofia.

VIII. O pensamento político, literário, econômico, pedagógico e sociológico em articulação com a filosofia: alguns pensadores relevantes

Plínio Salgado (1895-1975)

Plínio Salgado, autor de inúmeros livros – poesia, romances, crônicas, ensaios, manifestos, discursos etc. –, representa o fascismo em sua versão brasileira. Combinando elementos de uma visão retrógrada de cristianismo com mitos variados e interesses de extrema direita, fundou em 1932 a Ação Integralista Brasileira. Exilado após o fracassado golpe contra Getúlio Vargas, em 1937, permanece exilado em Portugal até 1945. Mais adiante, funda o Partido da Representação Popular, pelo qual se elege deputado federal pelo Paraná e posteriormente por São Paulo. Após a extinção dos partidos pela ditadura pós-64, ingressa na Arena. Mantém-se politicamente ativo até 1966[28].

Florestan Fernandes (1920-1995)

Um dos grandes sociólogos brasileiros de todos os tempos, autor, além do clássico *A Revolução Burguesa no Brasil: Ensaio de Interpretação Sociológica*, de *A Transição Prolongada,*

26. L. W. Vita, *op. cit.*, pp. 136-137.

27. Cf. José Maurício de Carvalho. *Contribuição Contemporânea à História da Filosofia Brasileira*, Londrina, UEL, 1998, pp. 208-209.

28. Cf. Marilena Chauí, "Notas sobre o Pensamento Conservador nos Anos 30: Plínio Salgado", em R. Moraes; R. Antunes e Vera Ferrante (orgs.), *Inteligência Brasileira*, *op. cit.*, pp. 27-42, e Jorge Jaime, *História da Filosofia no Brasil*, *op. cit.*, vol. II, pp. 211-220.

Que Tipo de República?, *A Constituição Inacabada*, *A Sociologia no Brasil: Contribuição para o Estudo de sua Formação e Desenvolvimento*, *Apontamentos sobre a Teoria do Autoritarismo*, *A Universidade Brasileira: Reforma ou Revolução*, *Ciências Sociais Hoje*, *A Condição do Sociólogo*, *A Integração do Negro na Sociedade de Classes* e *O Folclore em Questão*, entre outros, ocupa uma posição especial de enorme importância no pensamento do século XX. Sua capacidade de discernimento sociológico, ou seja, sua capacidade de, no caso brasileiro, avaliar e argumentar a respeito do tipo de atores sociais que são "engendrados pelo tipo de ordem social que se constitui no Brasil e são por ele trazidos ao primeiro plano"[29], e expressar as razões da cronicidade de uma série de questões basilares da sociedade e da cultura brasileiras, fazem de Florestan Fernandes um autor indispensável para compreender a gênese do Brasil contemporâneo.

Paulo Freire (1921-1997)

O educador pernambucano Paulo Freire – de fundamental importância nas teorias não apenas pedagógicas do Brasil contemporâneo, mas também históricas, psicológicas, antropológicas e sociais –, é atualmente o intelectual brasileiro mais conhecido, respeitado e estudado no exterior. Trata-se de um autor de referência na maior parte das grandes universidades do mundo, tendo sido desenvolvidos inúmeros estudos e experiências pedagógicas em vários países sobre o conjunto de sua obra. Seus livros alcançam, no Brasil como no exterior, a casa das dezenas de edições; suas obras estão traduzidas em inúmeras línguas e sobre seu pensamento se confeccionam com espantosa regularidade teses acadêmicas em inúmeras universidades, nas línguas mais diversas, que examinam aspectos sempre novos e frutíferos de suas idéias principais.

Paulo Freire introduziu o método pedagógico que leva seu nome, o qual rompe com uma série de modelos formais e reprodutivos do processo educativo. Introduzindo, em seu núcleo, a

29. Gabriel Cohn, "Padrões e Dilemas: O Pensamento de Florestan Fernandes", em R. Moraes; R. Antunes e V. Ferrante (orgs.), *Inteligência Brasileira*, *op. cit.*, p. 145.

criatividade do próprio educando, este assenhora-se paulatinamente de sua realidade, assumindo crescentemente um papel ativo em sua própria vida. Com isso, rompe-se a idolatria dos conteúdos e o adestramento à subserviência, na medida em que estruturas rígidas da tradição são questionadas implicitamente em suas bases e investigadas em seu verdadeiro sentido, abrindo espaço à irrupção do *novo* no universo das relações humanas não apenas pedagógicas.

Paulo Freire é o pedagogo por excelência do século XX, que, ao amalgamar tradições diversas de pensamento, constrói e preserva o campo da racionalidade ética no núcleo do propriamente humano. Mas suas idéias pedagógicas não surgem apenas de observações empíricas agudas; elas traduzem uma forma estritamente *filosófica* de ver o mundo, uma forma mais profunda e abrangente do que um mero arrolamento de categorias consagradas[30].

Darci Ribeiro (1921-1997)

Darci Ribeiro, etnólogo, antropólogo e romancista; criador do Museu do Índio, idealizador e primeiro reitor da Universidade de Brasília, foi figura ímpar no pensamento contemporâneo brasileiro. A pertinaz tentativa de articular num todo coerente às diversas faces da formação e da cultura brasileiras, concentradas desde o prisma de seu singular intelecto, é uma das mais criativas tentativas de *construção cultural autônoma* no Brasil.

Sérgio Buarque de Holanda (1902-1982)

Sérgio Buarque de Holanda, com seu clássico *Raízes do Brasil* – cuja primeira edição data de 1936 – firmou-se como uma das referências para o estudo da formação e da cultura brasileira como um todo. Em seu estudo, indica a espantosa complexidade do tema tratado – a formação do Brasil e os esforços, característicos de sua época, de estabelecer tipologias caracterológicas para o povo brasileiro. O núcleo da *ambigüidade* que abriga o tema do *homem cordial* (que não significa homem "bondo-

30. Cf., por exemplo, Benedito E. Leite Cintra, *Paulo Freire entre o Grego e o Semita – Educação, Filosofia e Comunhão*, Porto Alegre, Edipucrs, 1998.

so", como parecem ter entendido certos críticos) é de fundamental importância para a aproximação da diversidade brasileira, e tem sido retomado por estudiosos importantes das gerações posteriores; a maior parte dos antropólogos e cientistas sociais intui, com razão, que essa é uma porta de entrada fundamental para qualquer estudo sério sobre o Brasil sociopolítico, mais do que categorias totalizantes ou onicompreensivas[31].

Gilberto de Mello Freyre (1900-1987)

Gilberto Freyre, sociólogo e pensador extremamente conhecido, nascido em Recife, é importante por haver sintetizado, em alguns livros – especialmente *Casa Grande & Senzala* (1933) e *Sobrados e Mocambos* (1936), que se tornaram clássicos não só no Brasil como também em vários outros países –, uma determinada concepção de interpretação da cultura brasileira em termos de sua formação original nos moldes de um pretenso "caráter nacional brasileiro", dedicado a integrar, em um todo coerente, as diversidades e diferenças presentes na cultura nacional em seu processo de formação. As árduas disputas que se desenvolvem, em vários campos, a respeito de sua evolução intelectual e ideológica, não invalidam a posição de sua obra como central no pensamento brasileiro do século XX[32].

IX. O pensamento político, literário, econômico, pedagógico e sociológico em articulação com a filosofia: os centros de pesquisa

O Instituto Superior de Estudos Brasileiros (ISEB)

O ISEB – Instituto Superior de Estudos Brasileiros – foi criado, adstrito ao Ministério de Educação e Cultura, em 1955,

31. Por exemplo para o estudo dos fenômenos dos chamados "meninos de rua", entre muitos outros temas; cf. Hélio R. S. Silva e Cláudia Milito, *Vozes do Meio-fio – Etnografia*, Rio de Janeiro, Delume-Dumará, 1995.

32. Cf. por exemplo, Marilena Chauí, *Brasil – Mito Fundador e Sociedade Autoritária*, p. 21 e ss.; Elide Rugai Bastos, "Gilberto Freyre e a Questão Nacional", em R. Moraes; R. Antunes e V. Ferrante (orgs.), *Inteligência Nacional*, pp. 43-76.

pelo então presidente Café Filho. Duraria até 1964, quando foi extinto pela ditadura militar. Suas raízes, porém, remontam, pelo menos, ao segundo governo de Getúlio Vargas.

Sua função, pretendendo seguir a inspiração do Collège de France e do Colegio de Mexico, era a compreensão crítica da realidade brasileira desde as categorias fornecidas pelas diversas ciências sociais, transformando-a em uma "ideologia do desenvolvimento" – onde a palavra "ideologia", controversa mesmo entre os membros do instituto, significava um corpo de idéias capaz de sustentar a construção de uma realidade nova em termos nacionais[33].

Foram chamados de membros históricos do ISEB, por Caio de Toledo, os seguintes intelectuais: Álvaro Vieira Pinto, Roland Corbisier, Hélio Jaguaribe, Guerreiro Ramos, Cândido Mendes de Almeida e Nelson Werneck Sodré[34], todos pensadores de vasta produção e grande importância na cultura brasileira do século XX, em diversas áreas.

Álvaro Vieira Pinto destacou-se como um dos membros ilustres do ISEB. Entre seus livros se contam: o clássico *Ideologia e Desenvolvimento Nacional*, *Ciência e Existência: Problemas Filosóficos da Pesquisa Científica*, *A Questão da Universidade*, *Sete Lições sobre a Educação de Adultos*. Era da opinião de que

> a ideologia deve surgir da meditação de um grupo de sociólogos, economistas e políticos que, superando o plano restrito de suas especialidades, se alcem ao pensar filosófico, por via da compreensão das categorias reais que configuram o processo histórico e acompanham o projeto de modificação das estruturas fundamentais da nação[35].

Não obstante as diferenças de proveniência e mesmo de convicção política entre os diversos membros do Instituto, concordavam todos com a necessidade urgente de redimensionamento das questões brasileiras básicas à medida da importância que tinham para a viabilidade do que entendiam como projeto brasileiro. O ISEB, para além do desenvolvimentismo que carac-

33. Cf. Caio N. de Toledo, "Teoria e Ideologia na Perspectiva do ISEB", em R. Moraes; R. Antunes e V. Ferrante (orgs.), *Inteligência Brasileira*, *op. cit.*, pp. 224-256.

34. Cf. Caio N. de Toledo, *op. cit.*, p. 230.

35. *Apud* Caio N. de Toledo, *op. cit.*, p. 231.

terizou sua época e muitas de suas produções, se constituiu em uma tentativa concreta e conseqüente de penetrar na raiz das questões brasileiras maiores.

O Centro Brasileiro de Análise e Planejamento (CEBRAP)

Entre os mais importantes centros de interação entre as ciências sociais e políticas e a filosofia está o CEBRAP – Centro Brasileiro de Análise e Planejamento –, fundado em 1969, por professores oriundos do Departamento de Sociologia e Antropologia da Faculdade de Filosofia, Ciências e Letras da USP (que tinha em Florestan Fernandes seu principal mentor intelectual, e havia se constituído no núcleo-base da própria universidade)[36]. O CEBRAP se apresenta como

> um caso privilegiado da rica e complexa relação entre a produção científica e a vida social e política, seja por suas origens, por seu papel central nas ciências sociais durante o regime autoritário, pelos problemas que atravessou com o processo de democratização ou pelo próprio fascínio que seus principais intelectuais exerceram sobre uma geração de jovens cientistas sociais nos anos 70. Neste sentido, respeitadas suas especificidades, o CEBRAP pode ser visto como um exemplo e uma metáfora das complexas relações entre intelectuais e política, entre saber e poder, entre conhecimento e democracia na sociedade brasileira[37].

Segundo Fernando H. Cardoso, o CEBRAP pretendia se constituir em um "anti-ISEB tanto no sentido de se opor a um grupo disseminador de ideologia como numa postura universalista que não aceitava as versões de uma ciência nacionalista proposta por alguns membros do ISEB"[38]. Uma das pretensões principais do Centro era a articulação com as ciências sociais cultivadas em outros centros latino-americanos, o que foi de certa forma facilitado pelo exílio de alguns de seus membros (por exemplo, no Chile), com pesquisas e contatos estreitos tanto com a Flacso (Faculdade Latino-Americana de Ciências Sociais) como com o CEPAL, ambas instituições sediadas em Santiago.

36. Sobre a trajetória do CEBRAP, cf. Bernardo Sorj, *A Construção Intelectual do Brasil Contemporâneo*, Rio de Janeiro, Jorge Zahar, 2001.

37. Bernardo Sorj, *A Construção Intelectual do Brasil Contemporâneo*, p. 11.

38. *Apud* B. Sorj, *op. cit.*, p. 14.

Uma das dimensões mais fundamentais do CEBRAP no contexto da cultura brasileira foi o estabelecimento de uma "ponte muito particular entre a antiga geração de cientistas sociais pré-64 e aquela que se constituirá [...] com a expansão das ciências sociais na década de 70. Este papel foi construído tanto a partir da original bagagem intelectual como pela postura institucional dos fundadores do CEBRAP"[39].

X. O pensamento filosófico e as grandes questões da estética

Anatol Rosenfeld (1912-1973)

Anatol Rosenfeld, nascido na Alemanha, chegou ao Brasil em 1936. É verdade que o Brasil recebeu, especialmente às vésperas dos grandes conflitos mundiais (mas também em outras épocas), pessoas de valor cultural ímpar, que não somente trouxeram vasta erudição de seus países de origem, mas também se integraram de forma notável ao meio que encontraram, a ponto de conhecê-lo por assim dizer "desde dentro", intervindo na cultura de uma forma decisiva, ou, dizendo melhor, ajudando a construir dimensões fundamentais da cultura brasileira em sua época (entre muitos outros exemplos, destaque-se Otto Maria Carpeaux, Vilém Flusser, Paulo Rónai e Herbert Caro, este último tradutor de Thomas Mann ao português). Mas Rosenfeld foi uma figura *sui generis* na cultura brasileira; desenvolveu obra ainda mais ampla e diversificada que a maioria dos acadêmicos ou intelectuais independentes emigrados. Apropriou-se das bases da cultura brasileira, abordou muitos de seus aspectos e ajudou sua compreensão. Da antropologia à teoria do cinema, da literatura ao teatro, da crítica à história, inúmeros temas foram alvo de sua acurada atenção analítica – que incluíram não apenas uma produção jornalística de valor, mas também traduções de textos diversos. Deixou uma vasta obra, não apenas alguns livros publicados, mas também inéditos que vêm sendo recuperados e organizados aos poucos (*Texto / Contexto I*, *Teatro Épi-*

39. B. Sorj, *op. cit.*, p. 27.

co, Estruturas e Problemas da Obra Literária, Mistificações Literárias: os Protocolos dos Sábios do Sião, Teatro Moderno, o Mito e o Herói no Teatro Moderno Brasileiro, O Pensamento Psicológico, Texto / Contexto II, Prismas do Teatro, Letras Germânicas, Negro, Macumba e Futebol, História da Literatura e do Teatro Alemães, Letras e Leituras, Thomas Mann, Na Cinelândia Paulistana e *Cinema: Arte & Indústria*)[40].

Mas as discussões sobre estética ocupam uma parte preponderante de sua produção. Sua vivência cinematográfica na Alemanha pré-hitlerista forneceu base para uma vasta análise do *sentido* da produção cinematográfica, a interpenetração entre suas dimensões artísticas e de indústria cultural (*Kulturindustrie*) – conceito que teria sido utilizado pela primeira vez, no Brasil, exatamente por Anatol Rosenfeld[41].

Em seu texto intitulado "Estética", em *Texto / Contexto II*[42], Anatol Rosenfeld, na trilha de pensamentos consagrados e de intuições próprias altamente originais, nos oferece uma visão pessoal clara e profunda de estética em uma estruturação que articula, magistralmente, análise empírica e dimensões axiológicas. Na última parte do ensaio, "Os Valores Estéticos e a Arte", apresenta a diferença de hierarquia axiológica dos objetos e dimensões correntes da cultura em relação à especificidade das obras de arte; a obra de arte determinaria a esfera onde os valores estéticos, normalmente associados e subordinados a outros valores (por exemplo, ao valor moral, de utilidade, econômico, comunicacional etc.), assume um primeiro plano, passando a ser o "critério decisivo" de avaliação do objeto – chegando mesmo, na arte abstrata, à pretensão de completude, instância onde os valores estéticos pretenderiam atingir a mais completa pureza. A partir da organização formal dos seus elementos estruturantes, a obra de arte (o objeto estético por excelência) manifesta eminente e explicitamente, em uma reordenação axiológica, o "valor de verdade" estético, ocasionando o prazer estético e abrin-

40. Para uma biografia mais completa do autor, cf. Jacó Guinsburg e Plínio Martins Filho, *Sobre Anatol Rosenfeld*, São Paulo, Com-Arte, 1995.

41. Cf. N. Fernandes e A. Autran, "Introdução", em Anatol Rosenfeld, *Cinema: Arte & Indústria*, São Paulo, Perspectiva, 2002, p. 21.

42. A. Rosenfeld, *Texto / Contexto II*, São Paulo, Perspectiva, 2000, pp. 235-257.

do as portas a um mundo diverso daquele dominado, geralmente, por valores utilitários[43].

Tais análises, como muitas outras, asseguram a Rosenfeld – brasileiro por adoção – uma posição imorredoura na cultura brasileira do século XX.

Gerd Bornheim (1930-2002)

Gerd Bornheim, nascido em Caxias do Sul, RS, em 1930, e falecido no Rio de Janeiro, em 2002, foi um dos maiores intelectuais brasileiros do século XX. De formação filosófica, dedicou-se também a inúmeros outros campos, do teatro às artes plásticas, da história da cultura à crítica literária. Dono de imensa erudição, deixou inúmeras obras, entre outras: *Metafísica e Finitude*, *Sartre*, *Os Filósofos Pré-Socráticos*, *Dialética*, *Páginas de Filosofia da Arte*, *O Idiota e o Espírito Objetivo*, *O Conceito de Descobrimento*. As mais variadas épocas e temas da filosofia mereceram sua atenção; porém, foi especialmente ao pensamento contemporâneo que dirigiu algumas de suas mais representativas pesquisas. Profundo conhecedor de arte, foi, em seu período de exílio na França e Alemanha – ocasionado pela ditadura militar – curador de obras de Paul Klee em Paris.

Bornheim inovou com seu pensamento, afinado com as últimas tendências contemporâneas, o próprio ensino da filosofia nas universidades das quais foi docente. Sua autoridade intelectual, calcada em um talento fenomenológico ímpar, contribuiu inclusive para a inovação da forma de abordagem de grandes questões filosóficas, desmistificando autoritarismos vazios e cultivando o diálogo e a generosidade intelectuais que cativaram várias gerações de estudantes para cuja formação contribuiu incisivamente.

43. Cf. A. Rosenfeld, *op. cit.*, pp. 254-257.

SEGUNDA PARTE: ELEMENTOS DO DOSSIÊ E ESTADO DA QUESTÃO

Introdução

O objetivo desta seção é apresentar uma visão panorâmica das diferentes modalidades de pesquisa que se desenvolvem contemporaneamente no Brasil, em uma amostragem significativa dos "campos" de interesse filosófico, exemplificados através de projetos de pesquisa efetivamente em andamento ou concluídos no triênio de 1998 a 2000. Algumas observações prévias são porém necessárias.

Em primeiro lugar, não falamos em nenhum sentido de áreas de pesquisa isoladas umas das outras; se há algo evidente na atual pesquisa filosófica que se desenvolve nacional e internacionalmente é a crescente interpenetração dos diferentes campos e o incremento de interfaces entre as mais diversas áreas de interesse científico e cultural. Portanto, os campos a seguir apresentados não são simplesmente a consubstanciação de correntes filosóficas diversas em projetos de investigação; mas, antes, pólos aglutinadores de certos *estilos* de labuta filosófica. Isso explica a aparentemente arbitrária miscigenação de áreas distintas de grande importância, aglutinadas em campos comuns. Não se trata de definição formal de objetos de interesse, mas de *modos* e *perspectivas* de abordagem das questões filosóficas mais relevantes.

Em segundo lugar, e em decorrência do anteriormente exposto, na taxionomia a seguir ocorrem inovações com relação à forma de tratar os diferentes campos da filosofia, em termos de interesse de pesquisa. Aqui, como em todo este livro, o que realmente se propõe é uma leitura contemporânea do Brasil filosófico; portanto, mais importante do que a fidelidade a uma tradição classificatória é pôr em evidência os temas *efetivamente* trabalhados nas diversas áreas, não apenas enquanto repositório da herança do passado filosófico do Brasil, mas também enquanto dimensão viva da pesquisa cotidiana dos profissionais da área. Isso explica, por exemplo, a interpenetração entre cortes históricos e sistemáticos de estudo.

Em terceiro lugar, cumpre destacar o seguinte: os modelos de investigação filosófica a seguir apresentados não surgem sem uma determinada história pregressa. Quem lida com eles, preparou-se, geralmente, cerca de dez a vinte anos para adquirir a autonomia de pesquisa de que ora desfruta; assim, o que aqui se faz não é apenas um corte circunstancial das atividades filosóficas no Brasil, mas, sim, a análise breve de um momento histórico marcante no desenvolvimento do panorama dos estudos filosóficos no Brasil, que representa a culminância daquilo que consideramos também uma primeira instância de maturação no processo de consolidação dos estudos filosóficos entre nós por longo tempo amortecidos pelos efeitos da repressão pós-64. Na consubstanciação dos projetos a seguir listados, como em muitos outros, está presente de alguma forma cerca de meio século de pesquisa e amadurecimento filosóficos.

Em quarto lugar, a forma de apresentação: a opção por grupos de pesquisa em lugar da citação nominal de pesquisadores tem como principal motivo a evidência da crescente solidificação, no Brasil, desta modalidade de estudo e produção filosóficos, vigente aliás no mundo todo, que congrega professores e estudantes em torno a problemas e projetos filosóficos, em lugar do modelo brasileiro tradicional, de gravitação da pesquisa em torno a poucos acadêmicos de referência. A crescente qualificação dos novos quadros, a facilidade de obtenção de informações básicas e a maturidade da nova geração de pesquisadores dilui a autoridade científica, evitando a excessiva personalização e concentração de responsabilidades e facilitando a comunicação de idéias em torno a um projeto construtivo coletivo de pesquisa.

E, em quinto e último lugar, faz-se necessário observar que o presente modelo de apresentação é apenas um entre muitos possíveis; de nenhuma forma significa algum tipo de desqualificação do trabalho de pesquisadores isolados e/ou não pertencentes à comunidade acadêmica, que não foram referidos a seguir, os quais se destacam muitas vezes por sua grande qualidade individual.

Foram incluídas também temáticas de pesquisa de cursos novos ou em projeto de implantação, como os da UNISINOS – Universidade do Vale do Rio dos Sinos, RS, entre outros.

Capítulo I

Campos de Interesse e Pesquisa Filosóficos no Brasil Contemporâneo: Um Corte Representativo

Entre as inúmeras áreas nas quais se desenvolvem estudos filosóficos no Brasil, destacamos as seguintes, aglutinadas em campos de interesse: ética, bioética, estética, filosofia da arte, epistemologia, lógica, filosofia da arte, fenomenologia, hermenêutica, filosofia antiga, filosofia medieval, filosofia moderna, filosofia contemporânea, filosofia da mente, filosofia brasileira, filosofia latino-americana, filosofia política. Além disso, caracterizamos algumas interfaces que se revestem de grande interesse na atualidade, como filosofia e literatura, filosofia e psicanálise, filosofia em articulação com as ciências sociais e a economia, e filosofia e ciências formais. Destacamos a seguir também outros estudos que, devido às suas características, escapam à generalidade das classificações acima.

I. O campo da ética e da filosofia política

Ética e filosofia política são duas áreas de proximidade e interpenetração evidente; a distinção feita a seguir não visa senão à facilidade de identificação de focos investigativos. Os diversos grupos de trabalho de ética e filosofia política reuniram, no encontro da ANPOF de 2000, pesquisadores das seguintes universidades: PUCRS, UFRJ, UFSC, UERJ, UFU, PUCCAMP, UNB, UFSM, UFG, PUC-SP, USP, UFS, USJT, UNIJUÍ, UCG, UFMG, UCSAL, UFSM, INSAF, UFPR, UFPA.

A fundamentação da ética

O campo da ética, em suas diversas manifestações e derivações, constitui-se em um dos âmbitos privilegiados da pesquisa filosófica brasileira atual. Tais estudos são cultivados em praticamente todos os centros superiores de estudos de filosofia, seja por grupos de pesquisa, seja por pesquisadores isolados.

Entre os inúmeros projetos em andamento no campo da ética, destacam-se: a questão dos sistemas éticos; a questão da fundamentação dos juízos morais; diferença e alteridade; motivos do agir moral em Kant; os aspectos éticos do desenvolvimento científico; o conceito de ética desde a abordagem da hermenêutica; a questão ética em Paul Ricoeur; ética e direitos humanos; ética e ontologia; ética em Espinosa; os fundamentos metafísicos da reflexão ética; ética pública no pensamento francês e inglês dos séculos XIX e XX; ética e teorias filosóficas contemporâneas; teoria pragmática da linguagem; teoria da sociedade e teoria do discurso; novos desenvolvimentos da ética do discurso; ética pós-moderna; ética, subjetividade e intersubjetividade; o sentido do sujeito em Levinas; verdade e razão nas questões éticas radicais (nascimento, morte, valor da vida); fundamentos éticos nos tratados lógicos a partir da Antigüidade; a vida feliz em Aristóteles e Ricoeur.

Filosofia política

A área da filosofia política, intimamente articulada com questões éticas de fundo, é um dos espectros privilegiados de pesquisa; muitos pesquisadores desenvolvem trabalhos nessa linha, em recortes sistemáticos e históricos. Entre os projetos contam-se: reflexões sobre justiça, liberdade, responsabilidade e democracia; a legitimação de normas práticas e jurídicas em Schelling; ética, direito e política em H. Arendt, P. Ricoeur, J. Habermas, E. Levinas e M. Foucault; Marxologia e estudos confluentes; ética e política na filosofia do Renascimento; o utilitarismo e o respeito às pessoas; fundamentos da democracia; J. Rawls e a filosofia política contemporânea; a relação entre ética e política em Espinosa; a lógica imanente do liberalismo moderno; conceito de justiça, sociabilidade e normatividade em Kant, Hegel, Rawls e Habermas; ideologia, filosofia e política; a justificação da moral em textos de Habermas e Tugendhat; fundamentos éticos dos tratados lógicos a partir da Antigüidade; política no mundo contemporâneo; razão pública, justiça e pluralismo democrático; a mutabilidade histórica dos valores; Maquiavel e a origem política dos conceitos políticos modernos; a questão republicana; Rawls e o debate sobre liberalismo e comunitarismo.

Bioética

A bioética, ética aplicada à vida, estudada desde pontos de vista teóricos e práticos, é um campo que conta com crescente interesse de estudiosos – e também com associações de estudos e aconselhamento, como a Sorbi – Sociedade Riograndense de Bioética, em Porto Alegre, entre outras – é alvo de interesse de projetos específicos na temática, como a investigação dos fundamentos filosóficos da bioética.

Ética aplicada e interfaces com outros campos filosóficos e culturais

Por sua própria natureza, os estudos de ética são especialmente profícuos no sentido da criação de novas interfaces de reflexão. São de destacar, devido à crescente relevância que assumem nas discussões não somente filosóficas, mas da cultura em geral, os seguintes temas: ética e gênero; ética e técnica na reflexão do pensamento antigo, moderno e contemporâneo; ética e natureza; ética e ecologia; a etica prática; ética aplicada ao mundo animal; ética e epistemologia; ética e economia; ética e estética; ética e antropologia; ética e pós-modernidade, a crítica de Feuerbach à ética de Kant; a ética e a antropologia de Levinas; ética e temporalidade; justiça e faculdade de coagir; a fundamentação filosófica dos direitos; pressupostos éticos do marxismo; moral e direito em Habermas; reflexão e política em Kant; uma rediscussão sobre o conceito de soberania; política do cotidiano; moralidade e legalidade na filosofia moderna e contemporânea; fundamentos filosóficos do discurso político de John Locke e Jean-Jacques Rousseau.

Sociedades e centros de estudos têm sido criados para facilitar o estudo e a comunicação entre pesquisas comuns a temas específicos da ética, por exemplo o CEBEL – Centro Brasileiro de Estudos sobre o Pensamento de E. Levinas.

II. O campo da estética e da filosofia da arte

Em várias universidades se encontram grupos e pesquisadores isolados na área da estética, podendo-se observar um interesse rapidamente crescente pelo tema, seja enquanto tema filosófico autônomo, seja enquanto sustentação para uma filosofia da arte. A Estética, de um modo geral, tem deixado de ser um tema apenas para especialistas e se converte em chave de compreensão de inúmeros problemas filosóficos contemporâneos de relevância, especialmente através das perspectivas de Adorno e Benjamin. A questão do estatuto da obra de arte se propõe como um dos temas centrais da filosofia contemporânea, especialmente devido ao seu potencial crítico no sentido de permitir uma melhor interpretação da atualidade. Também a questão das novas formas de arte tem merecido a atenção de pesquisadores da área da filosofia.

Têm sido estudados temas afeitos a diversas tradições, entre as quais se destacam: Kant, Fichte, Schiller, Adorno e a Escola de Frankfurt, Walter Benjamin, estética e fenomenologia, estética e ética, estética e hermenêutica, a tecno-estética de Gilbert Simondon, a questão do juízo de gosto, Kierkegaard, a estética e o feio, entre outros temas. O grupo de trabalho em estética da ANPOF congregou, em 2000, pesquisadores das seguintes universidades: UFMG, PUCRS, UNISINOS, UFRGS, UFBA, UERJ, UFOP, UNICAMP.

Entre as preocupações centrais dos estudos estéticos contemporâneos no Brasil, de um modo geral, contam-se os seguintes temas de pesquisa, entre outros: a articulação entre a estética e a ética; arte popular; questões de modernidade e pós-modernidade; arte e mitologia, vertentes e questões metodológicas da reflexão estética; a questão da autonomia estética; história das idéias estéticas; o sublime e o trágico; cultura de massa; a teoria crítica da sociedade; Kant e a faculdade de julgar; hermenêutica da arte; som, imagem e palavra enquanto expressão estética; a questão da alegoria; a estética de Adorno; a estética em Kierkegaard; o tema da modernidade artística e da articulação entre beleza e natureza; o conceito de diferença em Nietzsche; as estéticas pós-modernas.

III. O campo da história e das questões da filosofia brasileira e latino-americana

Têm merecido crescente atenção e interesse os estudos filosóficos afeitos às questões referentes à especificidade da filosofia brasileira em seus aspectos históricos e sistemáticos, havendo-se consubstanciado já alguns sólidos grupos de pesquisa na área. Além disso, a filosofia brasileira, que leva em consideração elementos sócio-históricos, econômicos e culturais, articula-se com o contexto maior da filosofia latino-americana, já que é evidentemente inviável tentar entender a realidade brasileira contemporânea em desconexão com a realidade sócio-histórica global, com especial ênfase no nível latino-americano, devido à semelhança de graves questões filosoficamente relevantes que perpassam o nosso continente cultural. O grupo Ética e Cidadania, dedicado especialmente a essas questões, reuniu, na reunião da ANPOF em 2000, pesquisadores da UNICAMP, UNISINOS, UFPG, UFPE, FURG, UFMS, UFF, UFRJ.

Entre os temas que têm merecido a atenção de pesquisadores, contam-se: modernidade e pensamento brasileiro; a filosofia ibérica e ibero-americana desde o ponto de vista da ética e da história da filosofia; a questão da democracia no Brasil, analisada desde seus pressupostos e questões de método; o Brasil e seu mito fundador; leituras de clássicos brasileiros e latino-americanos desde o ponto de vista de sua relevância filosófica, leituras básicas para a compreensão da cultura brasileira; o pensamento de Caio Prado Junior; os primórdios da filosofia brasileira no exemplo de Gonçalves de Magalhães; aristotelismo português no Brasil; identidade nacional Brasileira; sistematização bibliográfica de meios. O CEFIL – Centro de Filosofia Latino-Americana – conta, entre seus pesquisadores, com estudiosos dedicados a organizar o material importante e ainda relativamente desconhecido que vem permitir um maior aprofundamento das questões da filosofia brasileira e latino-americana. Também o Instituto Brasileiro de Filosofia congrega pesquisadores que têm como ponto central de investigação o estudo do pensamento filosófico brasileiro.

IV. O campo da fenomenologia e da hermenêutica

Uma das áreas mais importantes da filosofia contemporânea, a fenomenologia e a hermenêutica desdobram-se em inúmeros campos de estudo, contemplados por grande número de pesquisadores, que se ocupam das derivações da fenomenologia husserliana, e não apenas na filosofia, mas em relevantes áreas correlatas. Além disso, a investigação fenomenológica se firmou como uma das principais modalidades de estudo dos problemas filosóficos, das mais diversas proveniências e perspectivas de estudo. A forma fenomenológica e hermenêutica de fazer filosofia, enquanto *estilo* de abordagem de questões relevantes, está de tal modo presente no fazer filosófico contemporâneo que muitas vezes não é destacada como área específica, pois sua presença transcende a delimitação específica de uma área de estudo. A SBF – Sociedade Brasileira de Fenomenologia, fundada em 1999, se constitui hoje numa das maiores sociedades filosóficas brasileiras. E a fenomenologia propriamente dita, como igualmente a hermenêutica, mantém com outras áreas da filosofia uma estreita articulação de mútuas implicações também em temas específicos – por exemplo, com a ética e a estética.

Os grupos de trabalho sobre fenomenologia e hermenêutica, na reunião da Anpof de 2000, reuniram pesquisadores das seguintes universidades: Unirio, Pucrs, Ufg, Puc-Rio, Ufsm, Unicamp, Unisinos, Ufpb, Umesp, Unesp-Rio Claro, Ufce, Ufrj, Ufpr, Ceum.

Entre os temas de estudo nestas áreas, destacam-se entre outros: a história da fenomenologia; a fenomenologia e as áreas do social e da saúde; ontologia e hermenêutica; estudos sobre *Ser e Tempo*, de Heidegger; hermenêutica e linguagem; desconstrução e hermenêutica em Heidegger e Derrida; a hermenêutica da arte; fenomenologia e metafenomenologia; a relação estética-hermenêutica; hermenêutica e ética; a questão da verdade em Heidegger; Merleau-Ponty e o fim da metafísica; estudos sobre a corporalidade em Merleau-Ponty; Sartre e a recolocação da questão da liberdade; o conceito de gênio no pensamento de Nietzsche; hermenêutica e ciências sociais; modelos contemporâneos de interpretação.

V. O campo da filosofia da ciência, da filosofia analítica, da lógica e as interfaces filosofia/ ciências formais; o campo da filosofia da mente e áreas afins

Variados grupos de trabalho do amplo e tradicional campo de estudos filosóficos acima referido reuniram-se durante a ANPOF, em 2000, com presença de pesquisadores das seguintes universidades: UFSC, UERJ, UFRJ, UFRGS, USP, UEL, UFMG, UNISC, UFBA, UNB, PUC-SP, UFSM, UNESP-Bauru, UNICAMP, UFPB, UNESP-Marília, UFJF, UNESP-Botucatu, UENF, FIOCRUZ, UNOESTE.

Filosofia da ciência e epistemologia, lógica, filosofia analítica

Cultivadas em várias universidades e centros isolados de pesquisa – e também por pesquisadores individuais – as questões epistemológicas se constituem em tema privilegiado de pesquisa. Algumas pesquisas na área: estudos de epistemologia e fenomenologia; filosofia do conhecimento; ciência e controle da natureza; o conhecimento intuitivo como ato de sentimento; epistemologia em Gonseth; a questão do realismo científico; analítica do sentido; epistemologia em Locke e Hume; epistemologia naturalizada; modelos de empirismo; teoria heurística da ciência; a história da filosofia da ciência; a questão da inferência; modelos de descoberta científica; a relação entre o conhecimento científico e o senso comum; filosofia e evolução; filosofia do conhecimento formal; implicações filosóficas da microfísica, teorias da probabilidade e da decisão; a ciência cognitiva como novo paradigma filosófico; fundamentos filosóficos da cosmologia científica; o novo espírito científico de Bachelard; conhecimento e prática; o gozo do conhecimento: constituição de uma epistemologia da forma; estudo da semântica para termos de espécies naturais; a racionalidade e o uso da linguagem; sistemas lógicos e sistemas psicológicos; o ceticismo moderno; ceticismo e cristianismo; o ceticismo enquanto visão de mundo; seleção natural e teleologia.

Quanto à lógica, são desenvolvidos estudos nos seguintes âmbitos, entre outros: lógicas modais e semânticas, desde o ponto de vista de sua definição e interpretação; lógicas paraconsistentes e intuicionistas; a relação entre lógica e semântica; os sistemas de Tarski, Lukasiewicz e Jaskowski, entre outros; inferencialismo; semântica dos nomes próprios; a racionalidade e o uso da linguagem; sistemas lógicos e sistemas psicológicos.

Filosofia e ciências formais

No que diz respeito ao importante campo das interfaces entre a filosofia e as ciências, destaque-se: a filosofia da matemática de Husserl e Wittgenstein; a filosofia da lógica e da matemática de Husserl, Dewey, Frege, Hilbert, entre outros; relações entre álgebra e física, e geometria e física.

Filosofia da mente

A filosofia da mente é uma importante área contemporânea de estudo, eminentemente interdisciplinar, que assume crescente destaque na medida em que investiga não só questões filosóficas de fundo – a mente tratada de um ponto de vista ontológico – mas também temas como o desenvolvimento de sistemas cognitivos artificiais, redes neurais e, derivadamente, questões propostas pelas diversas teorias de sistemas.

Em várias universidades e centros de pesquisa se desenvolvem trabalhos relacionados aos problemas filosóficos dos processos mentais em geral e, em especial, das formas e condições da cognição. São também desenvolvidos trabalhos na área da inteligência artificial, desenvolvimento de redes neurais artificiais etc.

Entre os projetos presentemente desenvolvidos nesta especialidade, temos: a ontologia do mental; estudo das teorias contemporâneas da consciência; fundamentos da neurociência cognitiva, o debate internalismo *versus* externalismo; o conceito de representação em redes neurais; conexionismo e redes neurais; a questão da auto-organização desde o enfoque das redes neurais artificiais; a relação mente-corpo; computabilidade e processos cognitivos; a consciência na filosofia e na ciência contemporânea; naturalismo e concepções da mente; causalidade.

VI. Outras interfaces: filosofia em articulação com as ciências sociais; o campo das relações entre filosofia e literatura; filosofia da educação; outras articulações

Filosofia e ciências sociais

Seria evidentemente inútil tentar compreender filosoficamente o Brasil contemporâneo sem o aporte das ciências sociais em suas dimensões antropológicas, políticas e econômicas. Devido a este fato, uma enorme quantidade de pesquisas filosóficas brasileiras, mas não somente concentradas em temas nacionais, articula de forma profícua a filosofia com áreas correlatas desse campo. Devido aos limites do presente livro, não entraremos em detalhes nesta área, mesmo porque trata-se de um domínio com literatura bem divulgada e de fácil acesso. Notemos apenas que, atualmente, merecem especial atenção os temas que tratam da questão da globalização.

Entre os projetos que privilegiam especificamente o processo de articulação, contam-se os seguintes: a questão do fluxo de capitais entre América Latina e a Europa; o tema da globalização e suas conseqüências nas crises do capitalismo atual; a questão da cientificidade das ciências e das teorias sociais; Habermas e o paradigma da produção.

Filosofia e literatura

Entre os temas pesquisados na interface ou na articulação entre a filosofia e a literatura, afora os campos naturalmente afeitos à reflexão estética propriamente dita, temos os seguintes: estudos filosóficos da obra de João Guimarães Rosa e Fernando Pessoa; a relação entre o pensamento poético e o pensamento filosófico; a questão da interdisciplinaridade na literatura; Diderot, a arte e a literatura de seu tempo; o *status* ontológico dos discursos ficcionais e não-ficcionais; narração e constituição do sujeito, entre vários outros.

Filosofia e psicanálise

É notável a especial relação que se tem estabelecido entre a filosofia e a psicanálise desde o surgimento desta última. Na atualidade, mais do que nunca, são desenvolvidos projetos, tanto por filósofos como por psicanalistas, que acentuam a necessidade da mútua articulação entre esses dois campos do saber para a compreensão de uma série de impasses contemporâneos. Projetos que procuram a aproximação entre a psicanálise e escolas filosóficas diversas são desenvolvidos por pesquisadores isolados e em comunidades de estudo. Alguns destes estudos, entre outros: a questão da representação em metapsicologia; psicanálise e desconstrução; Freud e a filosofia; as bases ontológicas da psicanálise; psicanálise e ética.

Filosofia e psicologia

Área de crescente interesse, que cultiva uma interface fundamental na contemporaneidade. Vários são os estudos desenvolvidos, entre eles: problemas de referência em Skinner; behaviorismo em articulação com a pós-modernidade, a subjetividade, a ética e a cultura; o conceito de repertório comportamental no behaviorismo; psicologia pós-moderna; o pensamento como fluxo dinâmico em W. James; a lugar da psicologia na ciência unificada.

Filosofia e educação

A filosofia da educação, tanto enquanto área específica como enquanto ponto de cruzamento entre filosofia e educação, é tradicionalmente um campo muito profícuo no Brasil. Atualmente, a área passa por uma acentuada renovação de princípios e relegitimação de estatutos epistemológicos. Muitos são os estudos desenvolvidos no campo dos fundamentos da educação desde bases filosóficas diversas, entre os quais se pode citar: o pensamento da alteridade de Levinas como fundamento da subjetividade ética em educação; Walter Benjamin e a educação; educação e teoria crítica; pragmatismo e educação; John Dewey e a educação; educação e categorias sócio-históricas desde o ponto de vista da análise filosófica; educação e crítica da modernidade; pós-modernidade e educação.

Outras articulações

A alguns campos tradicionalmente cultivados, como as relações entre a filosofia e a teologia, a filosofia e filologia e a filosofia e a história, juntam-se articulações mais recentes porém não menos relevantes, como filosofia e administração, filosofia e medicina, filosofia e biologia, filosofia e informática, entre várias outras.

Centros e sociedades de estudos têm sido criados recentemente, com o fito de aproximar pesquisas interdisciplinares sobre temas filosófico-sociais, como o recentemente criado Centro Brasileiro de Estudos sobre o Humanismo, entre outros.

VII. O campo dos temas filosóficos ao longo de sua referência predominantemente histórico-interpretativa

Filosofia antiga

A filosofia antiga se constitui em campo clássico de estudo, e pesquisas nesta área são cultivadas em muitos centros de estudos e universidades brasileiras. Na última reunião da ANPOF, dedicaram-se a apresentar trabalhos grupos de pesquisadores das seguintes universidades: UFPR, UFRJ, UFMG, UFF, USP, UNICAMP, UFRN, UFSC, UFPB, UFU, UFPEL.

Entre os projetos recentemente desenvolvidos, destacam-se: leituras de textos clássicos, como o *Eutidemo* de Platão; concepções clássicas de tempo e de liberdade, em Aristóteles e nos estóicos; *Phrónesis* em Aristóteles; tradução e edição crítica das obras filosóficas de Aristóteles; o método aristotélico da divisão; a emergência da individualidade na Grécia Antiga; os processos dialéticos nos diálogos de Platão e em Aristóteles; estudos vinculados de filosofia antiga e moderna.

A Sociedade Brasileira de Estudos Clássicos fomenta o estudo do pensamento antigo não apenas desde o ponto de vista filosófico, mas em vários níveis de compreensão da cultura clássica.

Filosofia medieval

A filosofia medieval é estudada desde diversos enfoques tanto históricos como sistemáticos, especialmente na Pontifícia Universidade Católica do Rio Grande do Sul. No encontro da ANPOF do ano de 2000, apresentaram trabalhos pesquisadores das seguintes universidades: PUCRS, UFRN, UNICAMP, USP, UFU, UEM, UBA, UNB, UFCE.

Entre os projetos de pesquisa em andamento, temos: a questão do pensamento político medieval e sua relação com as teorias modernas; a questão do infinito em Duns Scotus; a recepção de Plotino na Idade Média; a questão do conhecimento em *De docta ignorantia*, de Nicolau de Cusa; as relações entre fé e razão; a analogia na tradição tomista; o pensamento político medieval e suas repercussões na obra de Santo Antônio; a metafísica de participação de Tomás de Aquino; a tradução cristã do platonismo; a dialética de Pedro Abelardo.

A CBFM – Comissão Brasileira de Filosofia Medieval incentiva a articulação de pesquisas e trabalhos neste campo.

Filosofia moderna

Temas da filosofia moderna – aqui entendida entre os alvores da modernidade até as grandes crises que preparam o espírito contemporâneo do filosofar – estão entre os mais estudados em projetos de pesquisa individuais e coletivos em grande número de instituições de ensino superior da filosofia. Na última reunião da ANPOF, pesquisadores oriundos das seguintes universidades apresentaram trabalhos: UCPEL, UFSM, UNIOESTE, UNICAMP, USP, UFMG, UFG, PUCRS, UFBA, UFU, UFPEL, PUC-RIO, UVA, UFPR, UFPA, UERJ, UFSC, UFRGS, ULBRA, UFRN, UFRJ, UNESP, UFS, UNISC, UNISINOS, UFOP, UFCE.

A seguir serão relacionados alguns dos projetos da área: construtivismo em R. Descartes; razão e história; a filosofia kantiana e suas interpretações analíticas; os limites da representação em Descartes e Espinosa; conceito de natureza no primeiro romantismo alemão e a crise ecológica da atualidade; a dialética da religião na filosofia do espírito de Hegel; a filosofia prática do jovem Schelling; ação e liberdade em Hobbes, Descartes, Espinosa e Locke; cisão e reconciliação no jovem Hegel; a questão do sujeito em Montaigne; o problema da república no Renascimento; análise das metamorfoses do conceito de sujeito ao longo da filosofia moderna; a constituição sob a esfera da moralidade em Montaigne; a filosofia da história de Voltaire; a teoria dos seres morais de Pufendorf; As duas "novas Atlântidas" de Bacon e Condorcet; Descartes, o barroco, a razão em uma perspectiva benjaminiana; Ilustração e História: o pensamento sobre a história do século XVIII; o legislador e o escritor político; o naturalismo renascentista; J. S. Mill: igualdade entre os sexos, liberdade, conexão entre justiça e direitos; tradução de um fragmento sobre o governo, de J. Bentham; a doutrina kantiana do conhecimento empírico ordinário; o conceito de consciência moral em D. Hume; o giro transcendental na filosofia moderna; o cogito cartesiano e o 'eu penso' transcendental kantiano; Especulação e Sistema – o momento positivo-racional da dialética hegeliana; tradução dos *Principia philosophiae* de Descartes; a ciência clássica no olhar de alguns iluministas; a subjetividade moderna: o século XVII; Conhecimento e História em Hegel; Física e Metafísica em Leibniz.

Várias sociedades filosóficas importantes têm em temas da filosofia moderna seu foco de estudo, como por exemplo a Sociedade Kant Brasileira, a Sociedade Hegel Brasileira e a Sociedade de Estudos do Século XVII.

Filosofia contemporânea

A filosofia contemporânea ocupa a atenção de muitos pesquisadores, desde prismas diversos. À exigência que coloca ao pesquisador, de constante atualidade, corresponde à abertura com relação aos mais diversos campos do conhecimento. No encontro da ANPOF em 2000, pesquisadores oriundos das seguintes universidades apresentaram trabalhos: USP, PUC-PR, PUC-Rio, UNICAMP, UERJ, UFPA, UNIRIO, UFF, UFRJ, UFSC, UFMG, UNESP-Marília, UFBA, UFPR, UNESP-Rio Claro, UNISC, UFRGS.

Entre os diversos projetos em desenvolvimento na área, destaquem-se: paradigmas contemporâneos da análise filosófica; natureza e artifício no pensamento filosófico contemporâneo; subjetividade, linguagem e representação; notas às investigações filosóficas de Wittgenstein; Foucault e a história da filosofia; origens da filosofia contemporânea; a doutrina kierkegaardiana do amor; a sexualidade greco-romana segundo Foucault; Intersubjetividade, fenomenologia e filosofia política contemporânea; crítica da razão instrumental da modernidade – teoria social e pós-modernidade; conflitos entre filosofias da linguagem (analítica, hermenêutica e psicanálise); pragmatismo e filosofia na relação entre razão prática e razão teórica; o mundo em desespero – a agonia do sujeito no mundo pós-moderno; uma introdução à filosofia contemporânea; estudos críticos sobre o conceito de diferença na filosofia contemporânea; pressupostos da evolução da tecnologia na filosofia do séculos XIX e XX; solipsismo e realismo na filosofia de Wittgenstein; estudos críticos sobre o conceito de diferença na filosofia contemporânea; verdade e interpretação em Gadamer, Rorty e Pareyson; pragmática filosófica; uma contribuição à problemática ecológica a partir de Bergson.

Vários centros e núcleos de estudos sobre autores como, por exemplo, Heidegger, Kierkegaard e Levinas, entre outros, têm surgido e florescido através da qualidade da pesquisa de seus membros e da crescente divulgação de seus trabalhos. É de destacar, ainda, a criação, em 1999, da Sociedade Brasileira de Fenomenologia.

VIII. Outros estudos

Muitos estudos e projetos atualmente desenvolvidos na área da filosofia, no Brasil, não se enquadram com facilidade – nem aproximadamente – em uma das classificações mais clássicas, ainda que tão variáveis quanto as acima apresentadas. Trata-se muitas vezes de estudos experimentais ou conduzidos em âmbitos especiais ou limítrofes da filosofia, e estão em processo de constituição, simultaneamente, de seu estatuto de inteligibilidade desde padrões geralmente contemporâneos.

Entre esses estudos podemos citar aqui, apenas a título de exemplo: filosofia e complexidade informacional; a recepção virtual da filosofia; filosofia com crianças; filosofia e sua semiótica; processos cognitivos alternativos e filosofia; o princípio e o fim da filosofia; ontologias do devir; a questão da representação na história do pensamento; o argumento transcendental; o princípio da razão suficiente; análise crítica da relação ser humano-natureza; a unidade da razão na multiplicidade de seus pontos de vista; imanência e modos de subjetivação. Muitos destes trabalhos foram apresentados na última reunião da ANPOF, em 2000.

Capítulo II

Avaliação Crítica

O panorama anteriormente esboçado dá uma idéia do dinamismo crescente dos estudos filosóficos no Brasil. A cada ano, novos pesquisadores se juntam a grupos já consagrados ou criam seus próprios grupos, caracterizando novas perspectivas de estudo e análise. O crescente interesse pela filosofia traduz-se também no interessante dado de que muitos dos novos estudantes de graduação e pós-graduação em filosofia são oriundos profissionalmente ou formados em outras áreas, as mais diversas; a filosofia assume crescentemente a responsabilidade de oferecer patamares críticos de interpretação a cientistas provenientes dos mais diversos campos.

Por outro lado, o inelutável progresso no sentido do incremento da filosofia em escolas de primeiro e segundo graus, a revalorização das disciplinas humanísticas (apesar dos retrocessos sempre verificáveis nesta área) e a ampliação do mercado de trabalho e das áreas de influência do filósofo, na medida em que aumentam a responsabilidade social da atividade filosófica entre nós, caracteriza um outro panorama em relação a poucos anos atrás. Mais e mais, a filosofia penetra nas estruturas educacionais brasileiras e contribui crescentemente para a autoconsciência de um Brasil que necessita desesperadamente compreender-se, e compreender-se desde sua infância[1]. As instituições tradicionais, como a Academia Brasileira de Filosofia, acrescentam-se novos centros de cultivo da filosofia, diversificando e qualificando suas ações em crscente diálogo.

1. Seja citado apenas um exemplo aleatório do crescente interesse pela filosofia por parte de educadores. Em recente congresso sobre filosofia com crianças, em Esteio-RS, em lugar das 180 pessoas esperadas, houve cerca de 450 participantes, interessados em se aprofundar nesta área plena de possibilidades de desenvolvimento.

Capítulo III

O Brasil Contemporâneo e a Tarefa da Filosofia: Conquistas e Desafios

Em primeiro lugar, é necessário que seja destacado o seguinte:

Apresentam-se imensas dificuldades a quem se propõe a investigar a evolução do que aqui chamaremos "Brasil filosófico", ou seja , das idéias que possam ser chamadas explicitamente filosóficas, em sentido de proveniência, conseqüência e articulação com os demais campos da cultura, no contexto brasileiro. Vários são os motivos que podemos detectar com relação a esse fato. A primeira e mais determinante de todas as dificuldades, segundo nosso entender: a tendência culturalmente muito arraigada, no Brasil, de confundir "formas" com "conteúdos", ou seja, de supor que formas bem organizadas supram a demanda por conteúdos concretos. Temos estudado esse fenômeno em alguns textos isolados, especialmente no âmbito da organização universitária etc. Essa confusão está intrinsecamente ligada à confusão entre *quantidade* de dados e *qualidade* dos mesmos. Trata-se da limitação da razão que muitas vezes não se compreende senão como "afirmativa" e que se fecha tautologicamente em si mesma, como diriam R. Gomes[1] e Adorno, culminando na

1. Cf. Roberto Gomes: "Uma razão afirmativa é o mesmo que uma sem-

razão "ornamental" como um fim em si mesmo, quando não em polêmicas vazias.

Por outro lado, temos as dificuldades de documentação em termos de uma certa "neutralidade" histórica; existe uma certa quantidade de trabalhos sobre a filosofia no Brasil, fruto do trabalho de pessoas sérias e bem-intencionadas; pecam quase todos, porém, pela flagrante unilateralidade de suas abordagens ou pelo tomar partido de certos modelos interpretativos sem suficiente crítica prévia, muitas sem ao menos uma intenção crítica. É de se notar ainda, na vida acadêmica, a preponderância excessiva de certos centros e grupos de pesquisa, que ignoram o que não se refere a eles.

O Brasil, terra ambígua por excelência, oferece ao investigador situações impeditivas complexas que, segundo nosso parecer, entravam ainda a plena potência de nossas energias filosóficas. Tais problemas nada mais são do que heranças tardias de nossa estrutura fundante – nosso "mito fundador", no dizer de Marilena Chauí. A seguir alguns exemplos urgentes:

a. A confusão entre mera reprodução de idéias e a tentativa – muitas vezes bem sucedida, mas nem sempre divulgada – de realmente inovar no campo das idéias filosóficas;

b. A confusão entre a pesquisa e a docência acadêmica, em termos de filosofia, e as articulações de poder e com o poder em diversos níveis;

c. A tendência, ainda muito presente, de "abstrair" de problemas nacionais reais para "fazer" filosofia, na ilusão de que assim a filosofia resultante seria mais "pura", é um preconceito vigente em inúmeros centros considerados de boa qualidade de pesquisa, e costuma ainda se entranhar, com relativa facilidade

razão. Complemento desesperado do senso impensado da Razão Eclética. Equivale a agarrar-se ao dado na pretensão de perpetuá-lo, quando a função radical do pensamento é destruir a positividade do dado. Se a Razão Eclética perdia-se numa indiferenciação amorfa e despersonalizada, a Razão Afirmativa tende a sacralizar o passado, fonte de todas as certezas... E ambas encontram na Razão Ornamental a forma adequada à sua expressão: o pensamento não pensado, alegórico. Que não incomoda nem arrisca. O pensar anestésico e esterilizado..." (*Crítica da Razão Tupiniquim*, *op. cit.*, p. 93). Cf. também nosso texto "A Universidade, a Forma e o Conteúdo: Sobre a Urgência de uma Transformação Necessária", *Momento – Revista do Departamento de Educação e Ciências do Comportamento da Furg*, vol. 8, 1995, Fundação Universidade do Rio Grande / Rio Grande, pp. 109-120.

nas novas gerações de estudantes (as felizmente já muitas exceções confirmam a regra);

d. A dificuldade de diálogo com outras disciplinas e ciências humanas, também na esperança da manutenção de uma filosofia mais "pura", apesar dos enormes avanços perceptíveis nessas relações;

e. A existência de centros filosóficos considerados muito bons e influentes que, na verdade, funcionam como estrutura de manutenção de privilégios intra e extra-academicamente;

f. A tendência, ainda encontrável, a uma rígida hierarquização dos membros da academia, em benefício da manutenção de uma determinada "ordem de saber", ao estilo antes de uma transmissão passiva do que de uma inovação e criação;

g. As dificuldades de recepção de autores importantes do estrangeiro, devido a dificuldades lingüísticas etc. – quando não devido pura e simplesmente a preconceitos das mais diversas origens;

h. A tentativa, por certos grupos, de instrumentalizar a filosofia ou certas filosofias em seu próprio benefício;

i. A facilidade de incorporação de jargões ao discurso filosófico nacional, sem uma crítica mais profunda de seu contexto e significação, e a tendência a "modismos" filosóficos;

j. A tradição de substituir a leitura dos autores por manuais onde seu pensamento é "explicado" e simplificado;

k. A pouca comunicação entre os diversos grupos atuantes na área, o que se deve não só a diferenças geográficas e culturais como a puro e simples desinteresse;

l. A tendência, que reporta à "cultura dos bacharéis", de confundir filosofia com erudição e conjunto de citações, aquilo que Roberto Gomes chama de "razão ornamental";

m. A tendência à autoproteção de enclaves considerados "de excelência", provavelmente por receio de ter de dar publicamente conta de sua real competência a um meio externo cada vez mais exigente em termos de informação e interlocução;

n. A daí derivada reticência em publicar trabalhos, a pretexto de sempre maior aperfeiçoamento, provavelmente por temor à crítica abalizada e construtiva, e a conseqüente circulação da produção apenas em círculos restritos de *insiders*;

o. As dificuldades socioeconômicas crônicas do país, que se refletem, com raras exceções, em dificuldades editoriais e dificultam a divulgação de obras de maior impacto e significação (muito embora, no campo editorial, possamos perceber um enorme desenvolvimento na área da filosofia de um modo geral, por crescente interesse em editoras universitárias e comerciais);

p. Enfim, aquilo que consideramos a *causa mater* de todo esse conjunto de problemas: a ausência de uma vida acadêmica intensa e aberta em termos nacionais, onde as questões anteriores – certamente não circunscritas apenas ao universo da filosofia – possam ser atacadas com a seriedade e a autonomia que estão há muito por merecer, não em termos de esforços individuais, mas na dimensão de uma verdadeira comunidade de pesquisa e produção.

Por outro lado, é muito necessário que se destaque o seguinte:

a. Têm havido, nos últimos dez anos pelo menos, consideráveis avanços no sentido de facultar uma melhor avaliação do Brasil filosófico. A mudança de condições histórico-sociais, nas últimas duas décadas, que acaba por levar a uma maior difusão de dados culturais em geral, ainda que em nível muito distante do desejado (o recente sucesso do livro *O Mundo de Sofia*, de J. Gaardner, entre crianças e adolescentes, livro adotado por inúmeros professores e escolas, bem demonstra esse fato). Essas condições são, porém, extremamente complexas, e não cumpre analisá-las aqui.

b. É de se destacar aqui, também, a paulatina entrada do Brasil em uma era da "cultura da informação", com o avanço do computador e da internet etc. Embora ainda incipiente, essa nova cultura aponta salutares efeitos no sentido de facilitar a difusão da produção filosófica em todos os níveis, inviabilizando crescentemente a manutenção de castas culturais fechadas através do constante estímulo à transparência da produção.

c. Também o amadurecimento intelectual das novas gerações de estudantes, muitos já nascidos na "era da informação", e cada vez menos coniventes com formalizações que se pretendam substituir por conteúdos, e menos tolerantes com o "princípio de autoridade" ou com o "princípio da antigüidade" enquanto determinantes absolutos de correção e qualidade da vida intelectual, desempenham papel considerável não só na melhora das condições objetivas de trabalho dos docentes, como também na atratividade que o exercício de uma atividade eminentemente crítica e construtiva, como a filosofia, possa exercer – e efetivamente vem exercendo – junto às novas gerações de estudantes. Tal se comprova facilmente pelo aumento da oferta de cursos de graduação e pós-graduação em filosofia em nível nacional.

d. Como fruto desse amadurecimento, temos como derivação interessante e profícua o menor receio dos estudantes em penetrar em campos antes rigidamente isolados entre si; é fato já bem detectado que muitos dos melhores trabalhos de pós-graduação em filosofia *não* provêm de estudantes com o curso de filosofia em nível de graduação. Tal não significa uma diminuição qualitativa de nenhum nível, mas antes o incremento crítico-qualitativo de acadêmicos que procurarão aperfeiçoar sua formação e o exercício de suas respectivas profissões com estudos filosóficos, em um processo interdisciplinar sadio e criativo. O Brasil, diferentemente de outros países, oferece a possibilidade de exercício da atividade filosófica em muitas frentes e com muitos sentidos. Assim, paralelamente aos estratos tradicionais de estudantes de filosofia, somam-se novos estudantes e profissionais que virão a contribuir, com a especificidade de sua formação, para o aperfeiçoamento do próprio labor filosófico no país.

e. Um outro fator que merece ser destacado é a crescente desmistificação de encastelamentos filosóficos inacessíveis a não iniciados, e o crescente diálogo da filosofia com as ciências e a cultura em geral em dimensões extra-universitárias. O surgimento de estruturas de pensamento filosófico que, correntes em outros meios, só agora despontam com vigor no Brasil – a filosofia e as questões de gênero, a filosofia trabalhada com crianças etc. – evidencia uma visível maturação no domínio de problemas e questões filosóficas de relevo em solo brasileiro.

f. Por outro lado, a maior variedade de materiais disponíveis para análise, em todos os sentidos, favorece a apropriação de dados historicamente relevantes que venham a sustentar a atividade filosófica dos futuros profissionais em suas respectivas áreas de atuação.

g. Por último, merece referência a criação de associações filosóficas e culturais e a crescente divulgação pública de sua produção. A criação da Associação Nacional de Pós-Graduação em Filosofia – ANPOF – é, nesse sentido, de enorme significação[2].

2. Ver, infra p. 125.

* * *

É necessário destacar que um trabalho em torno à questão do Brasil filosófico, hoje, não pode simplesmente seguir a tradição da referência na área; deve ser composto desde novos parâmetros de compreensão inclusive *do que possa haver significado* – e ainda significar – a filosofia para a vida nacional. Um trabalho dessa ordem, a nosso ver, só pode fazer justiça à sua pretensão caso consiga equilibrar muito bem explanação e interpretação, com a parte interpretativa assumindo, a rigor, a condução da pesquisa. Já existem bastantes trabalhos que se pretendem muito completos em termos explanativos; não obstante sua inquestionável importância e colaboração à cultura filosófica nacional, não contribuíram, porém, para a *compreensão* das razões que levam certas idéias, certos mundos filosóficos, a serem adotados – ou seja: *a procura pelo sentido* de uma determinada tradição de criação e de recepção de idéias. Em suma, um trabalho sobre filosofia no Brasil tem de ser *altamente filosófico*; caso contrário, estará, a rigor, abdicando ao seu verdadeiro potencial interpretativo. Que as novas gerações entendam a sua necessidade e a oportunidade ímpar que tem de, mais uma vez, empreender a mais digna das tarefas: preparar a si mesmas para o futuro, preparando o terreno no qual um futuro digno seja possível. E esta, sempre foi e sempre será, a maior tarefa do Brasil filosófico.

APÊNDICE

Dados sobre as Linhas de Pesquisa e Produção Científica dos Cursos e Programas de Pós-graduação em Filosofia no Brasil[1]

Quando sabemos que se encontram em funcionamento, no Brasil, 48 cursos de graduação em filosofia[2], nas mais diversas instituições, torna-se evidente a importância do universo docente e discente em filosofia no Brasil contemporâneo. Ainda que as marcantes disparidades regionais se repitam neste campo, como de resto no que concerne à educação formal em geral, percebe-se uma tendência de crescimento e qualificação acentuada de novos quadros de docência e pesquisa.

O exercício da filosofia em nível acadêmico assume sua dimensão de maior responsabilidade na formação de novos quadros intelectuais e na atividade produtiva por excelência do filósofo profissional por meio dos textos nos quais o trabalho é disponibilizado à crítica da sociedade em geral – entendendo-se aqui por "texto" as formas de divulgação de idéias mais tradicionais e disseminadas em nosso país: livros, artigos, trabalhos em anais de congressos etc. Com isso, não ignoramos a pertinência

1. Dados de 2001.

2. Dados do Ministério de Educação e Cultura, 2000.

de outras atividades importantes, algumas tradicionais, outras novas, de divulgação de idéias; todavia, é ainda através do meio escrito que, nas ciências humanas, ocorre geralmente a disponibilidade da produção dos profissionais da área.

Este excurso tem como objetivo propiciar uma breve visão de conjunto dos diversos gêneros de produção através dos programas de pós-graduação em filosofia no Brasil, limitada, devido às dimensões deste trabalho, ao triênio 1998-2000. Trata-se de uma tabela introdutória; mais detalhes, bem como as particularidades de cada programa, podem ser obtidas junto à Capes, pela internet, bem como o perfil e a produção específica dos docentes de cada programa através de seus respectivos currículos Lattes, via CNPq.

Além disso, e visto que a finalidade precípua dos diversos programas é a formação de mestres e doutores em filosofia que assumam a responsabilidade da plena autonomia de pesquisa, estão também listadas as dissertações de mestrado e teses de doutorado defendidas em cada programa no triênio 1998-2000, em articulação com as linhas de pesquisa de cada programa. Temos a destacar, ainda, a criação recente de novos programas de pós-graduação em filosofia, ainda em fase de implementação, e que portanto não foram catalogados pela Capes no período referido, como o da Unisinos – Universidade do Vale do Rio dos Sinos, RS, entre outros.

Todos os dados aqui apresentados foram obtidos da página da Capes – Coordenação de Aperfeiçoamento de Pessoal de Nível Superior – na Internet (http://www.capes.gov.br).

1. Produção científica no triênio 1998-2000 dos programas de pós-graduação em filosofia com mestrado e doutorado, listados em ordem alfabética. Dados da Capes. Entenda-se por Outra Produção Bibliográfica, nas tabelas a seguir, trabalhos em anais, textos em jornais e revistas, traduções, resumos, apresentações de livros, resenhas etc.

	Livros	Artigos	Capítulos de Livros	Outra Produção Bibliográfica	Dissertações de Mestrado defendidas no período	Teses de Doutorado defendidas no período
PUC-RIO	3	22	16	33	48	12
PUCRS	25	89	46	99	78	11
PUC-SP	13	50	13	45	44	-
UERJ	14	58	35	119	29	-
UFMG	12	79	100	150	28	7
UFRJ	23	43	28	102	37	25
UFRGS	6	32	14	27	20	3
UGF	9	68	15	39	9	7
UNICAMP	14	98	27	161	37	30
USP	23	127	36	133	43	47

2. Produção científica do triênio 1998-2000 dos programas de pós-graduação em filosofia com mestrado, listados em ordem alfabética. Dados da CAPES.

	Livros	Artigos	Capítulos de Livros	Outra Produção Bibliográfica	Dissertações de Mestrado defendidas no período
PUCCAMP	3	22	5	62	22
UFG	3	30	11	156	27
UFPB	3	16	4	28	33
UFPE	-	44	-	4	1
UFSC	3	26	15	19	1
UFSCAR	3	13	11	32	14
UFSM	2	31	4	16	17
UNESP/MAR	4	15	27	134	15

3. Áreas de concentração e projetos de pesquisa em andamento ou recém-concluídos nos programas de pós-graduação em filosofia no Brasil:

I. Universidade Federal da Paraíba – João Pessoa

Áreas de Concentração:

- Filosofia da História;
- Hermenêutica;

- Filosofia Antiga;
- Filosofia Analítica;
- Ética e Filosofia Política;
- Ética e Marxismo.

Projetos de Pesquisa:

- A tradução cristã do platonismo;
- Pressupostos éticos do marxismo;
- A racionalidade e o uso da linguagem;
- Paradigmas contemporâneos da análise filosófica;
- Razão e história;
- Ontologia e hermenêutica;
- A fundamentação filosófica dos direitos.

II. Universidade Federal do Pernambuco – Recife

Áreas de Concentração:

- O Problema Filosófico da Subjetividade;
- Epistemologia das Ciências Humanas.

Projetos de Pesquisa

- Construtivismo e *mathesis* em René Descartes;
- Identidade nacional brasileira;
- Sistemas lógicos e sistemas psicológicos – os modelos lógicos e a psicologia do pensamento;
- A sentimentalidade como estrutura ontológica da subjetividade, em relação a "Ser e Tempo" de Heidegger;
- Crítica heideggeriana à concepção metafísica do sujeito;
- Dimensão ontológica da asserção em "Ser e Tempo";
- O mundo em desespero: a agonia do sujeito na sociedade pós-moderna.

III. Universidade Federal do Rio de Janeiro – Rio de Janeiro

Áreas de Concentração:

- Filosofia da Lógica e da Matemática;

- Filosofia da Ciência e Epistemologia das Ciências Sociais;
- Aristóteles e a Tradição Metafísica;
- Ética e Filosofia Política;
- Filosofia Brasileira;
- Filosofia da Linguagem.

Projetos de Pesquisa:

- Pressupostos realistas e a questão da cientificidade das teorias sociais;
- Fluxos de capitais entre América Latina e Europa Ocidental;
- História da ciência moderna;
- O método da divisão aristotélico e a tradição metafísica;
- *Ousia:* tradução e edição crítica das obras filosóficas de Aristóteles;
- A questão da fundamentação dos juízos morais;
- Aristotelismo português no Brasil;
- Os primórdios da filosofia brasileira: Gonçalves de Magalhães;
- A filosofia kantiana e suas interpretações analíticas;
- O status ontológico dos discursos ficcionais e não-ficcionais;
- Lógica intuicionista linear completa.

IV. Universidade Estadual do Rio de Janeiro – Rio de Janeiro

Áreas de Concentração:

- Estética e Filosofia da Arte;
- Ética e Filosofia Política;
- Teoria do Conhecimento e Filosofia das Ciências.

Projetos de Pesquisa:

- A estética de Theodor Adorno: teoria da contradição estética;
- Estética discursiva e modernidade artística;
- O conceito de diferença em Nietzsche e as estéticas pós-modernas;

- O conceito de gênio no pensamento de Nietzsche;
- O mito da natureza bela. Um estudo comparativo entre a busca nostálgica da natureza;
- Uma introdução à filosofia contemporânea;
- Diferença e alteridade;
- Estudos críticos sobre o conceito de diferença na filosofia contemporânea;
- Fundamentos filosóficos da bioética;
- Motivos do agir moral em Kant;
- Os aspectos éticos do desenvolvimento tecnocientífico;
- Razão pública, justiça e pluralismo democrático: sobre o modelo procedimental da teoria discursiva;
- Uma contribuição à problemática ecológica a partir de Bergson;
- Uma hermenêutica filosófica do conceito de ética;
- A ciência cognitiva como novo paradigma filosófico, parte II: aspectos formais;
- A consciência na filosofia e na ciência contemporânea;
- A questão da representação na história do pensamento;
- Fundamentos filosóficos da cosmologia científica;
- Imanência e modos de subjetivação;
- Método fenomenológico e as áreas do social e da saúde;
- Natureza e artifício no pensamento filosófico contemporâneo;
- O gozo do conhecimento: constituição de uma epistemologia da forma;
- O princípio e o fim da filosofia;
- Ontologias do devir;
- Os limites da representação em Descartes e Espinosa: sensações, quimeras e negações.

V. Pontifícia Universidade Católica do Rio de Janeiro – Rio de Janeiro

Áreas de Concentração:

- Filosofia da Linguagem;
- Filosofia da Mente;
- Filosofia da Cultura e da Estética;
- Filosofia Antiga.

Projetos de Pesquisa:

• Alegoria: escrita e visualidade em Walter Benjamin visando uma chave de interpretação para o pensamento filosófico contemporâneo;
• Modernidade e pensamento brasileiro;
• Conhecimento e prática.

VI. Universidade Gama Filho – Rio de Janeiro

Área de Concentração:

• Ética e Filosofia Existencial.

Projetos de Pesquisa:

• A questão ética em Paul Ricoeur;
• Ética e gênero: a categoria do feminino na filosofia;
• Pesquisa sobre a ética na linha da teoria pragmática da linguagem, da teoria da sociedade e da teoria do discurso;
• A moral e o direito em Habermas;
• Reflexão sobre justiça, liberdade, responsabilidade e democracia;
• Ética e direitos humanos;
• Ética e filosofia ibérica e ibero-americana;
• Ética pública nas filosofias francesa e inglesa dos séculos XIX e XX;
• Rawls e o debate sobre liberalismo e comunitarismo;
• Estudo dos fundamentos metafísicos e/ou ontológicos da reflexão ética;
• Espinosa: da ontologia à ética;
• Ética e ontologia;
• Análise crítica da relação entre homem e natureza e a questão da tecnologia;
• Conceito de natureza no primeiro romantismo alemão e a crise ecológica da atualidade;
• Ética, natureza e tecnologia;
• Pressupostos da evolução da tecnologia na filosofia do século XIX e XX.

VII. Universidade Federal de Minas Gerais – Belo Horizonte

Áreas de Concentração:

- História da Filosofia;
- Estética e Filosofia da Arte;
- Filosofia Social e Política.

Projetos de Pesquisa:

- A determinação filosófica de som, imagem e palavra enquanto possibilidades de expressão estética;
- A faculdade estética de julgar em Kant;
- Fundamentos filosóficos da obra de Fernando Pessoa;
- Grupo hermenêutica da arte;
- Mudança de forma na autonomia estética: cultura de massa, arte popular e arte autônoma numa consideração intercultural;
- O sublime como o trágico moderno;
- Verdade e interpretação em Gadamer, Rorty e Pareyson;
- A dialética da religião na fenomenologia no espírito de Hegel;
- A filosofia prática do jovem Schelling;
- A legitimação das normas éticas e jurídicas na perspectiva da universalidade absoluta de Schelling;
- Ação e liberdade em Hobbes, Descartes, Espinosa e Locke;
- Cisão e reconciliação no jovem Hegel;
- Ética, direito e política em H. Arendt, P. Ricoeur, J. Rawls, J. Habermas, E. Levinas e M. Foucault;
- Marxologia – filosofia e estudos confluentes;
- Novos desenvolvimentos da ética do discurso;
- A questão do sujeito em Montaigne;
- A questão republicana;
- *Anagnosis*: leitura de textos clássicos;
- Ceticismo e cristianismo da apologia de Raymond Sebond;
- Ética e política na filosofia do renascimento;
- Grupo de estudos do ceticismo moderno;
- Humanismo cívico: o problema da república no renascimento;
- Leitura do *Eutidemo* de Platão;

• Tempo e liberdade: do finalismo aristotélico ao fatalismo estóico.

VIII. Universidade Federal de São Carlos – São Carlos

Áreas de Concentração:

• Filosofia da Psicanálise: A Metapsicologia Freudiana;
• Epistemologia da Psicologia e da Psicanálise;
• Naturalismo e Representação Mental;
• Projeto da Psicologia Científica.

Projetos de Pesquisa:

• A noção de representação na metapsicologia;
• Análise das metamorfoses do conceito de sujeito, ao longo da filosofia moderna, nas esferas do conhecimento, da afetividade, da ética, da política e da expressão artística;
• Adorno e a teoria crítica da sociedade;
• Epistemologia – teoria da probabilidade e teoria da decisão;
• Habermas e o paradigma da produção;
• O argumento transcendental;
• O ceticismo enquanto visão de mundo e como forma de vida;
• Princípio da razão suficiente;
• Solipsismo e realismo na filosofia de Wittgenstein;
• Subjetividade, linguagem e representação;
• Computabilidade e processos cognitivos;
• Conexionismo e redes neurais;
• Behaviorismo radical e discurso pós-moderno;
• Behaviorismo social e subjetividade;
• Behaviorismo radical, ética e cultura;
• Empirismo radical e subjetividade;
• Ética, prática e psicologia pós-moderna;
• O conceito de repertório comportamental no behaviorismo radical;
• Problema da referência em Skinner;
• Psicologia pós-moderna: projeto e realidade;
• William James e o pensamento como fluxo dinâmico.

IX. Universidade de São Paulo – São Paulo

Áreas de Concentração:

- Estética e Filosofia da Arte;
- Filosofia Política e Teoria das Ciências Humanas.

Projetos de Pesquisa:

- A cadeia e a guirlanda: Diderot e a arte de seu tempo;
- Arte, mitologia e filosofia;
- Diderot romancista;
- O filósofo e o comediante;
- Para uma história das artes de correspondências;
- Vertentes da reflexão estética: questões metodológicas;
- A constituição sob esfera da moralidade em Montaigne;
- A democracia no Brasil: pressupostos e questões de método;
- A filosofia da história de Voltaire;
- A teoria dos seres morais de Pufendorf;
- As duas "Novas Atlântidas" de Bacon e Condorcet: ciência, história e sociedade;
- Descartes, o barroco, a razão: uma perspectiva benjaminiana;
- Ilustração e história: o pensamento sobre a história do século XVIII;
- O Brasil e seu mito fundador;
- O legislador e o escritor político;
- O naturalismo renascentista;
- Passagens: a unidade da razão na multiplicidade de seus pontos de vista;
- Reflexão e política em Kant;
- Soberania: uma rediscussão.

X. Universidade de Campinas – Campinas

Áreas de Concentração:

- Álgebra da Lógica;
- Empirismo Clássico e Contemporâneo;
- Epistemologia das Ciências Formais;
- FIlosofia da Linguagem e do Conhecimento.

Projetos de Pesquisa:

- Álgebras das lógicas de Lukasiewicz;
- Álgebras das lógicas intuicionistas e paraconsistentes;
- A questão do realismo científico;
- As teorias epistemológicas de Locke e Hume;
- Carnap, o revisionismo e a história da filosofia da ciência;
- Empirismo contemporâneo, empirismo clássico e suas relações;
- Epistemologia naturalizada;
- Filosofia da matemática em Wittgenstein;
- Filosofia da matemática em Wittgenstein entre 1929 e 1933;
- Filosofia do conhecimento formal;
- Implicações filosóficas da microfisica;
- Notas às investigações filosóficas de Wittgenstein;
- O papel das inferências abdutivas na ciência e na filosofia;
- Pragmática filosófica;
- Teoria heurística da ciência.

XI. Universidade Estadual Paulista – Marília

Áreas de Concentração:

- Ciência Cognitiva e Auto-organização;
- Computabilidade e Lógica;
- Computabilidade e Semiótica;
- Epistemologia Naturalizada e Teoria da Ação;
- Filosofia da Mente;
- Filosofia das Neurociências.

Projetos de Pesquisa:

- Estudo dos processos de auto-organização nos modelos de redes neurais artificiais;
- Memória, auto-organização e identidade pessoal;
- Processos cognitivo-informacionais envolvidos na percepção visual humana;

- Um estudo do problema mente-corpo no paradigma conexionista;
- Estudos de lógica intencional polivalente;
- O conceito de representação em redes neurais;
- Interpretação semiótica dos processos relacionados com a vida;
- A explicação causal na teoria de Jean Piaget;
- Estudo das teorias contemporâneas da consciência;
- Externalismo x internalismo;
- Formas de auto-engano;
- Fundamentos de neurociência cognitiva.

XII. Pontifícia Universidade Católica de São Paulo – SP

Áreas de Concentração:

- História da Filosofia;
- Lógica e Teoria do Conhecimento;
- Questões Temáticas de Filosofia das Ciências Humanas.

Projetos de Pesquisa:

- A filosofia na PUC-SP contada por intermédio de uma *home page*;
- Emergência da individualidade na Grécia antiga;
- Ética e técnica na reflexão grega antiga;
- Foucault e a história da filosofia;
- Maquiavel e a origem política dos conceitos políticos modernos;
- Mutabilidade histórica dos valores;
- O conhecimento intuitivo como ato de sentimento;
- Origens da filosofia contemporânea;
- Reflexões acerca da verdade no pensamento de Martin Heidegger;
- Abdução e estética cognitiva;
- Estudo em lógica abstrata;
- Lógica de Jaskowski;
- Analítica do sentido: aplicação;
- Narração e constituição do sujeito.

XIII. Pontifícia Universidade Católica de Campinas – SP

Áreas de Concentração:

- A Crítica da Sociedade Contemporânea;
- Ética Fenomenológica e Hermenêutica;
- Filosofia e Sociedade;
- O Utilitarismo e seus Críticos;
- Problemas de Fundamentação na Ética.

Projetos de Pesquisa:

- Política do cotidiano;
- Três leituras básicas para entender a cultura brasileira;
- Ética e epistemologia em F. Gonseth;
- Aspectos do processo materialista dialético no pensamento histórico, econômico e político do Brasil em Caio Prado Junior;
- "Fragmento sobre o governo": tradução anotada e comentada;
- John Stuart Mill: liberdade, igualdade, utilidade;
- John Stuart Mill e a igualdade entre os sexos;
- John Stuart Mill: sobre as conexões entre justiça e direitos;
- Levando John Stuart Mill a sério: direitos e deveres em uma sociedade feliz;
- O utilitarismo e o respeito das pessoas;
- A vida feliz em Aristóteles e Ricoeur;
- *Phrónesis* e racionalidade prática em Aristóteles;
- Um fragmento sobre o governo: tradução anotada e comentada do texto original de Jeremy Bentham.

XIV. Universidade Federal de Santa Catarina – Florianópolis

Áreas de Concentração:

- Padrões Epistemológicos e Metodológicos do Conhecimento Científico;
- Teorias sobre a Natureza e sobre os Limites do Conhecimento.

Projetos de Pesquisa:

- Interpretações das lógicas modais: atualismo, conceitualismo, combinatorialismo;
- Lógicas não-reflexivas e fundamentos da física;
- Naturalismo e concepções da mente;
- Ciência e controle da natureza;
- O lugar da psicologia na ciência unificada;
- Seleção natural e teleologia.

XV. Universidade Federal do Rio Grande do Sul – Porto Alegre

Áreas de Concentração:

- Crítica da Filosofia Transcendental e a Filosofia Dialética;
- Filosofia da Linguagem;
- Filosofia da Mente;
- Filosofia Dialética – Hegel;
- Filosofia e Literatura – Análise das diferentes relações entre filosofia e literatura;
- Filosofia Política;
- Filosofia Transcendental.

Projetos de Pesquisa:

- A doutrina kierkegaardiana do amor;
- Ética e estética;
- Semântica dos nomes próprios;
- A ontologia do mental;
- A obra de Guimarães Rosa;
- Hölderlin e Sófocles: pensamento poético-pensamento filosófico;
- Literatura e interdisciplinaridade;
- Fundamentos da democracia: elementos para uma teoria revisionista;
- John Rawls e a filosofia política contemporânea;
- A doutrina kantiana do conhecimento empírico ordinário.

XVI. Universidade Federal de Santa Maria – Santa Maria

Áreas de Concentração:

- Fundamentação do Agir Humano;
- Fundamentação do Conhecimento;
- Sentido e Interpretação.

Projetos de Pesquisa:

- O conceito de consciência moral em David Hume;
- A relação entre ética e política na filosofia de Espinosa;
- O sentido do sujeito em Levinas;
- O giro transcendental da filosofia moderna: uma leitura fenomenológica;
- A ambigüidade do projeto transcendental de Martin Heidegger;
- Estudos vinculados de filosofia antiga e moderna;
- Filosofia do conhecimento;
- Inferencialismo e não-inferencialismo em filosofia da percepção: o caso Locke;
- Kant ou Leibniz? A concepção hilbertiana de demonstração;
- O "cogito" cartesiano e o "eu penso" transcendental de Kant;
- Estética e hermenêutica.

XVII. Pontifícia Universidade Católica do Rio Grande do Sul – Porto Alegre

Áreas de Concentração:

- Dialética e Sistema;
- Estado e Teorias da Justiça;
- Fenomenologia e Hermenêutica;
- Fundamentação da Ética;
- Questões Históricas e Problemas Sistemáticos dos Paradigmas Medievais.

Projetos de Pesquisa:

- Especulação e sistema: um estudo do momento positivo-racional da dialética hegeliana;
- Os processos dialéticos nos diálogos de Platão e em Aristóteles;
- A lógica imanente do liberalismo moderno;
- Conceito de justiça em Kant, Hegel e Rawls;
- Sociabilidade e normatividade: Kant, Rawls, Habermas;
- Desconstrução e hermenêutica em Heidegger e Derrida;
- Estudos de epistemologia e fenomenologia;
- A crítica de Feuerbach à ética de Kant;
- Ética e antropologia segundo Levinas;
- Ética, temporalidade e pós-modernidade;
- A questão do conhecimento em *De docta ignorantia;*
- A recepção de Plotino na Idade Média;
- As relações entre fé e razão;
- O pensamento político medieval: a relação com as teorias modernas;
- Sobre a possibilidade do infinito em Duns Scotus.

XVIII. Universidade Federal de Goiás – Goiânia

Áreas de Concentração:

- Clássicos em Filosofia Política;
- Episteme e Teoria;
- Moral, Direito e Ontologia Política.

Projetos de Pesquisa:

- A justificação da moral nos textos recentes de Habermas e Tugendhat;
- Alguns aspectos relevantes da análise da intensidade;
- Justiça e a faculdade de coagir;
- Tradução crítica dos *Principia Philosophiae* de Descartes;
- A ciência clássica para o olhar de alguns iluministas;
- A noção de fenômeno: uma história da fenomenologia;
- A sexualidade greco-romana segundo M. Foucault;

- Bachelard e o novo espírito científico;
- Estudo da semântica para termos de espécies naturais;
- Globalização: da economia clássica às crises do capitalismo atual;
- Ideologia, filosofia e política;
- Tradução e comentários dos *Principia Philosophiae;*
- A filosofia e a questão dos direitos humanos;
- A subjetividade moderna: o século XVII;
- Diagnóstico sobre o mal-estar na modernidade;
- Fundamentos filosóficos do discurso político de John Locke e Jean-Jacques Rousseau;
- Intersubjetividade, fenomenologia e filosofia política contemporânea;
- Moralidade e legalidade na filosofia moderna e contemporânea;
- O pensamento político medieval e suas repercussões na obra de Santo Antônio;
- Política no mundo contemporâneo.

IXX. Universidade de Brasília – Brasília

Áreas de Concentração:

- Aspectos Éticos, Metafísicos e Sociais do Conhecimento;
- Epistemologia;
- Linguagem, Lógica e Filosofia da Mente.

Projetos de Pesquisa:

- A questão da analogia na tradição tomista;
- Conhecimento e história em Hegel;
- Crítica da razão instrumental da modernidade: teoria social e pós-modernidade;
- Ética, subjetividade e intersubjetividade;
- Fundamentos éticos nos tratados lógicos a partir da Antigüidade;
- O conhecimento do ser na metafísica da participação de Tomás de Aquino;
- Pragmatismo e filosofia na relação entre razão prática e razão teórica;

• Verdade e razão nas questões éticas radicais (nascimento, morte, valor da vida);

• Descoberta científica: modelos, raciocínio analógico e simulação;

• Epistemologia naturalizada: filosofia evolucionária da ciência;

• Física e metafísica em Leibniz;

• O conhecimento científico e o senso comum;

• O papel da álgebra nas teorias físicas;

• Relações entre álgebra e física: a mecânica quântica;

• Relações entre geometria e física: teoria da relatividade;

• A dialética de Pedro Abelardo: estudo, tradução e anotações críticas;

• As filosofias da lógica de Husserl e Dewey;

• Conflitos entre filosofias da linguagem (analítica hermenêutica, psicanálise);

• Hermenêutica e linguagem: suas relações e o confronto com a metafísica;

• Lógica e semântica: semânticas referencialistas e intencionais;

• Lógicas modais e deônticas e semântica de mundos possíveis;

• Moritz Schlick e o Círculo de Viena;

• O tema da consciência em filosofia da mente;

• Os métodos de prova para a lógica de primeira ordem, seu interesse filosófico.

A Associação Nacional de Pós-Graduação em Filosofia (ANPOF)

Entre os mais significativos fatos no que diz respeito à organização do estudo e pesquisa em filosofia no Brasil dos últimos anos, consta a criação da ANPOF – Associação Nacional de Pós-Graduação em Filosofia, que vem, desde sua criação, promovendo encontros regulares de pesquisadores na área da filosofia. No ano de 2000 foi realizado, em Poços de Caldas, MG, o IX Encontro Nacional de Filosofia. Esse encontro se caracterizou não só pelo alto nível dos trabalhos apresentados, como pela crescente consolidação de uma modalidade madura de pesquisa filosófica, na medida em que se têm constituído grupos de trabalho por pesquisadores docentes e discentes dos diversos programas de pós-graduação em filosofia do país, e que apresentam, por ocasião dos encontros, seus trabalhos, sob a forma de palestras, mesas-redondas, comunicações etc., além de cursos sobre temas específicos[1].

No IX Encontro fizeram-se presentes os seguintes grupos de trabalho, cada um com uma média de dez a trinta integrantes:

1. Todos os dados aqui apresentados referem-se ao volume das ATAS do IX Encontro Nacional de Filosofia da ANPOF, Poços de Caldas, 3-8 outubro/ 2000.

1. A matriz hegeliana da crítica filosófica da modernidade política;
2. A questão ética contemporânea: a contribuição crítica de Emmanuel Levinas;
3. Ceticismo;
4. Dialética;
5. Estética;
6. Estudos temáticos sobre Aristóteles;
7. Ética;
8. Ética e cidadania;
9. Ética e filosofia política;
10. Ética e política na filosofia do Renascimento;
11. Filosofia antiga;
12. Filosofia contemporânea;
13. Filosofia da ciência;
14. Filosofia da história e modernidade;
15. Filosofia da mente;
16. Heidegger;
17. História da filosofia medieval e a recepção da filosofia antiga;
18. Husserl e o legado fenomenológico;
19. Kant;
20. Lógica;
21. Nietzsche;
22. Pensamento do século XVII;
23. Pragmatismo;
24. Rousseau e os limites da *Aufklärung*;
25. Teoria e prática na Idade Média;
26. Teorias da justiça: Kant, Hegel, Rawls, Habermas.

Foram também apresentadas conferências-magnas e trabalhos de pesquisadores isolados. É de se destacar, também, a boa presença de estudantes, a maioria dos quais compareceu ao encontro com grande sacrifício pessoal, já que, de modo geral, não contaram com o apoio de órgãos financiadores.

Ao todo, além de participantes e convidados estrangeiros de vários países e de outros participantes brasileiros, fizeram-se presentes 565 apresentadores de trabalhos, provindos de sessenta unidades de ensino superior, listadas a seguir:

1. Centro de Estudos Universitários do Maranhão, MA;
2. Centro Universitário da Cidade;
3. Escola de Sociologia e Política de São Paulo, SP;
4. Faculdade de Direito de São Bernardo do Campo, SP;
5. FIOCRUZ;
6. Fundação Universidade Federal do Rio Grande, RS;
7. Instituto Salesiano de Filosofia, PE;
8. Pontifícia Universidade Católica de Campinas, SP;
9. Pontifícia Universidade Católica de São Paulo, SP;
10. Pontifícia Universidade Católica do Rio de Janeiro, RJ;
11. Pontifícia Universidade Católica do Rio Grande do Sul, RS;
12. Universidade Brás Cubas, SP;
13. Universidade Católica de Goiás, GO;
14. Universidade Católica de Pelotas, RS;
15. Universidade Católica de Pernambuco, PE;
16. Universidade Católica de Salvador, BA;
17. Universidade de Brasília, DF;
18. Universidade de Caxias do Sul, RS;
19. Universidade de Ijuí, RS;
20. Universidade de Santa Cruz do Sul, RS;
21. Universidade de São Judas Tadeu, SP;
22. Universidade de São Paulo, SP;
23. Universidade do Estado do Ceará, CE;
24. Universidade do Estado do Rio de Janeiro, RJ;
25. Universidade do Vale do Rio dos Sinos – UNISINOS, RS;
26. UEM;
27. UNIOESTE;
28. UNIRIO;
29. UNOESTE;
30. Universidade Estadual de Feira de Santana, BA;
31. Universidade Estadual do Vale do Aracaú;
32. Universidade Estadual de Campinas, SP;
33. Universidade Estadual de Londrina, PR;
34. Universidade Estadual do Norte Fluminense, RJ;
35. Universidade Estadual de Santa Cruz;
36. Universidade Estadual de São Paulo, SP;
37. UFS;
38. Universidade Federal da Bahia, BA;

39. Universidade Federal de Goiás, GO;
40. Universidade Federal do Mato Grosso do Sul, MS;
41. Universidade Federal de Minas Gerais, MG;
42. Universidade Federal de Pelotas, RS;
43. Universidade Federal de Ouro Preto, MG;
44. Universidade Federal do Pará, PA;
45. Universidade Federal do Paraná, PR;
46. Universidade Federal da Paraíba, PB;
47. Universidade Federal de Pernambuco, PE;
48. Universidade Federal do Rio Grande do Norte, RN;
49. Universidade Federal de Santa Catarina, SC;
50. Universidade Federal de Santa Maria, RS;
51. Universidade Federal de São Carlos, SP;
52. Universidade Federal de Uberlândia, MG;
53. Universidade Federal do Ceará, CE;
54. Universidade Federal do Paraná, PR;
55. Universidade Federal do Rio de Janeiro, RJ;
56. Universidade Federal do Rio Grande do Sul, RS;
57. Universidade Federal Fluminense, RJ;
58. Universidade Gama Filho, RJ;
59. Universidade Luterana do Brasil, RS;
60. Universidade Metodista de São Paulo, SP.

Referências Bibliográficas

Esta pequena lista foi elaborada segundo o espírito geral deste trabalho, ou seja: sem descurar de obras que consideramos centrais para a compreensão do contexto e das formas de criação da filosofia no Brasil, aí também aparecem obras menos conhecidas que, em nosso juízo, muito têm a contribuir para a compreensão do Brasil que faz filosofia.

AQUINO, Marcelo F. de. "Tributo ao Padre Vaz: Simplesmente um Filósofo". *Filosofia Unisinos*, n. 5, vol. 3, julho/dezembro 2002, pp. 11-19.

ARANTES, Antonio A. (org.). *O Espaço da Diferença*. Campinas, Papirus, 2000.

ARANTES, Paulo Eduardo. *O Fio da Meada – Uma Conversa e Quatro Entrevistas sobre Filosofia e Vida Nacional*. Rio de Janeiro, Paz e Terra, 1996.

ARDILES, Osvaldo. *El Exílio de la Razón*. Córdoba: Sils Maria Editorial, 1988.

AZEVEDO, Fernando de. *A Cultura Brasileira: Introdução ao Estudo da Cultura no Brasil*. Brasília, Editora da Universidade de Brasília, 1963.

BARSTOW, Anne L. *La Caza de Brujas – Historia de um Holocausto*. Girona, Tikal Ediciones.

BASTOS, Maria Helena Carnara. "Perspectivas da Universidade Brasileira". In: ROHDEN, Valério (org.). *Idéias de Universidade*. Canoas. Ed. ULBRA, 2002, pp. 162-168.
BAUMAN, Zygmunt. *Globalização – As Conseqüências Humanas*. Rio de Janeiro, Jorge Zahar, 1999.
BESOUCHET, Lídia. *Mauá e seu Tempo*. São Paulo, Editora Anchieta, 1942.
BOBBIO, Norberto. *Os Intelectuais e o Poder – Dúvidas e Opções dos Homens de Cultura na Sociedade Contemporânea*. São Paulo, Ed. da UNESP, 1997.
BONAMIGO, Rita I. H. *Cidadania: Condições e Possibilidades*. Porto Alegre, DaCasa, 2000.
BOSI, Alfredo. *Dialética da Colonização*. São Paulo, Cia. das Letras, 1992.
BOSI, Alfredo (org.). *Cultura Brasileira – Temas e Situações*. São Paulo, Ática, 1987.
CÂMARA CASCUDO, Luís da. *Mouros, Franceses e Judeus – Três Presenças no Brasil*. São Paulo, Perspectiva, 1984.
CANDIDO, Antonio. *Textos de Intervenção*. São Paulo, Duas Cidades/ Ed. 34, 2002.
_______. *O Romantismo no Brasil*. São Paulo, Humanitas, 2002.
CARVALHO, José Maurício de. *Contribuição Contemporânea à História da Filosofia Brasileira – Balanço e Perspectiva*. Londrina, Editora da UEL, 1998.
_______. *Antologia do Culturalismo Brasileiro – Um Século de Filosofia*. Londrina, CEFIL, 1998.
CARVALHO, Maria Cecília M. de. *A Filosofia Analítica no Brasil*. Campinas, Papirus, 1995.
CENTRO DE DOCUMENTAÇÃO DO PENSAMENTO BRASILEIRO. *Bibliografia Filosófica Brasileira: Período Contemporâneo: 1931-1980*. Salvador, CDPB, 1987.
_______. *Bibliografia Filosófica Brasileira: Período Contemporâneo: 1981-1985*. Salvador, CDPB, 1988.
CATANI, Afrânio M. & OLIVEIRA, João F. de. *Educação Superior no Brasil – Reestruturação e Metamorfose das Universidades Públicas*. Petrópolis, Vozes, 2002.
CHAUÍ, Marilena. *Cultura e Democracia*. São Paulo, Cortez Editora, 1997.
_______. *Brasil – Mito Fundador e Sociedade Autoritária*. São Paulo, Editora Fundação Perseu Abramo, 2000.
_______. *O Que É Ideologia*. São Paulo, Brasiliense.
CHOMSKY, Noam. *Ano 501 – A Conquista Continua*. São Paulo, Scritta Editorial, 1993.
CINTRA, Benedito E. Leite. *Paulo Freire entre o Grego e o Semita – Educação, Filosofia e Comunhão*. Porto Alegre, EDIPUCRS, 1998.

CLOSS, Darcy. "Reflexões sobre a Atualidade da Universidade Brasileira". In: RODHEN, Valério (org.). *Idéias de Universidade*. Canoas, Ed. ULBRA, 2002, pp. 169-205.
COLOMBO, Neli F. & BIZ, Osvaldo (orgs.). *Integração, Cidadania, Espaços*. Porto Alegre, EDIPUCRS, 1998.
COSTA LIMA, Luís (org.). *Teoria da Cultura de Massa*. Rio de Janeiro, Paz e Terra, 1990.
CRIPPA, Adolpho (org.). *As Idéias Filosóficas no Brasil*. São Paulo, Convívio, 3 vols., 1978.
CRUZ COSTA, João. *Contribuição à História das Idéias no Brasil*. Rio de Janeiro, Civilização Brasileira, 1967.
DANTAS, Vinicius. *Bibliografia de Antonio Candido*. São Paulo, Duas Cidades/Ed. 34, 2002.
DE BONI, Luís A. *Os Programas de Pós-Graduação em Filosofia: 90-95*. Porto Alegre, EDIPUCRS, 1997.
DE BONI, Luís A. (org.). *Armando Câmara – Obras Escolhidas*. Porto Alegre, EDIPUCRS, 1999.
DIEHL, Astor Antônio. *Ciência Política e Universidade*. Passo Fundo, Clio Livros, 2001.
DOBERSTEIN, Arnoldo. *Estatuários, Catolicismo e Gauchismo*. Porto Alegre, EDIPUCRS, 2002.
DREIZIK, Pablo (org.). *La memoria de las cenizas*. Buenos Aires, Dirección Nacional de Patrimonio, Museos y Artes, 2001.
DUSSEL, Enrique. *Ética da Libertação na Idade da Globalização e da Exclusão*. Petrópolis, Vozes, 2000.
ESTERCI, Neide; FRY, Peter & GOLDENBERG, Miriam (orgs.). *Fazendo Antropologia no Brasil*. Rio de Janeiro, DP&A, 2001.
ÉVORA, Fátima *et alii* (orgs.). *Atas do IX Encontro Nacional de Filosofia*. Campinas, Associação de Pós-Graduação em Filosofia, 2000.
FAGUNDES, Varny Ferreira. *A Cor do Trabalho*. Porto Alegre, Imprensa Livre, 2001.
FERREIRA, Leila da C. *A Sociologia no Horizonte do Século XXI*. São Paulo, Boitempo Editorial, 1997.
FIORI, Ernani Maria. *Textos Escolhidos I – Metafísica e História*. Porto Alegre, L&PM, 1987.
______. *Textos Escolhidos II – Educação e Política*. Porto Alegre, L&PM, 1991.
FIX, Mariana. *Parceiros da Exclusão*. São Paulo, Boitempo, 2001.
FORNET-BETANCOURT, Raúl. *Problemas Atuais da Filosofia na Hispano-América*. São Leopoldo, Editora da UNISINOS, 1993.
FRANCOVICH, Guilhermo. *Filósofos Brasileiros*. Rio de Janeiro, Presença, 1979.
FREIRE, Paulo. *Pedagogia do Oprimido*. Rio de Janeiro, Paz e Terra, 1983.

______. *Ação Cultural para a Liberdade e Outros Escritos*. Rio de Janeiro, Paz e Terra, 1981.
______. *Educação e Mudança*. Rio de Janeiro, Paz e Terra, 1979.
______. *Pedagogia da Autonomia: Saberes Necessários à Prática Educativa*. Rio de Janeiro, Paz e Terra, 2000.
______. *Pedagogia da Esperança: Um Reencontro com a Pedagogia do Oprimido*. Rio de Janeiro, Paz e Terra, 1999.
______. *Política e Educação*. São Paulo, Cortez, 1993.
______. *Querer Fazer: Teoria e Prática em Educação Popular*. Petrópolis, Vozes, 1999.
FREYRE, Gilberto. *Casa Grande e Senzala*. Brasília, Editora da Universidade de Brasília, 1963.
FRONDIZI, R. & GRACIA, J. J. E. *El hombre y los valores em la filosofia latinoamericana del siglo XX*. México, Fondo de Cultura Económica, 1981.
FURTADO, Celso. *Formação Econômica do Brasil*. Brasil, Editora da Universidade de Brasília, 1963.
______. *O Longo Amanhecer*. Rio de Janeiro, Paz e Terra, 1999.
FURTADO, Celso (org.). *Brasil: Tempos Modernos*. Rio de Janeiro, Paz e Terra, 1977.
GERTZ, René. *O Aviador e o Carroceiro – Política, Etnia e Religião no Rio Grande do Sul dos Anos 1920*. Porto Alegre, EDIPUCRS, 2002.
GOMES, Roberto. *Crítica da Razão Tupiniquim*. São Paulo, FTD, 1990.
GUIMARÃES, Aquiles Cortes. *Pequenos Estudos de Filosofia Brasileira*. Rio de Janeiro, Nau Editora, 1997.
GUIMARÃES, Samuel Pinheiro. *Quinhentos Anos de Periferia*. Porto Alegre / Rio de Janeiro, Ed. UFRGS/Contraponto, 2000.
GUINSBURG, Jacó & MARTINS FILHO, Plínio. *Sobre Anatol Rosenfeld*. São Paulo, Com-Arte, 1995.
HINKELLAMMERT, Franz. *Crítica à Razão Utópica*. São Paulo, Paulinas, 1988.
HOLANDA, Sérgio Buarque de. *Raízes do Brasil*. Brasília, Editora da Universidade de Brasília, 1963.
HOUAISS, Antônio & AMARAL, Roberto. *Modernidade no Brasil – Conciliação e Ruptura*. Petrópolis, Vozes, 1995.
IANNI, Octavio. *Escravidão e Racismo*. São Paulo, Hucitec, 1988.
JAGUARIBE, Hélio. *A Filosofia no Brasil*. Rio de Janeiro, Ministério da Educação e Cultura, 1957.
JAIME, Jorge. *História da Filosofia no Brasil*. Vols. I e II. São Paulo/Petrópolis, Faculdades Salesianas/Vozes, 1997.
JAMESON, Fredric. *A Cultura do Dinheiro – Ensaios sobre a Globalização*. Petrópolis, Vozes, 2001.
KONDER, Leandro. *A Derrota da Dialética – A Recepção das Idéias de Marx no Brasil*. Rio de Janeiro, Campus, 1988.

KOWARICK, Lúcio. *Escritos Urbanos*. São Paulo, Editora 34, 2000.
LADUSANS, Stanislaus. *Rumos da Filosofia Atual no Brasil – Em Autoretratos*. São Paulo, Loyola, 1976.
LEITE, Dante Moreira. *O Caráter Nacional Brasileiro: História de uma Ideologia*. São Paulo, Pioneira, 1983.
LEITE, Ligia Costa. *A Razão dos Invencíveis*. Rio de Janeiro, Editora UFRJ/IPBU, 1998.
LINS, Ivan. *História do Positivismo no Brasil*. São Paulo, Ed. Nacional, 1967.
LINN SMITH, T. *Brasil – Povos e Instituições*. Rio de Janeiro, Edições Didáticas do USAID, 1967.
LOPEZ, Luiz Roberto. *História da Inquisição*. Porto Alegre, Mercado Aberto, 1993.
MACHADO, Geraldo Pinheiro. *A Filosofia no Brasil*. São Paulo, Cortez & Moraes, 1976.
MACHADO, Geraldo Pinheiro. (org.). *1000 Títulos de Autores Brasileiros*. São Paulo, Editora da PUC-SP, 1983.
MATTA, Roberto da. *O Que Faz do Brasil, Brasil?* Rio de Janeiro, Rocco, 1994.
________. *Relativizando – Uma Introdução à Antropologia Social*. Rio de Janeiro, Rocco, 1987.
MATTOS, Carlos Lopes de. *O Pensamento de Farias Brito*. São Paulo, Herder, 1962.
MAX, Frédéric. *Prisioneiros da Inquisição*. Porto Alegre, L&PM, 1991.
MELLO E SOUZA, Nelson. *Modernidade – Desacertos de um Consenso*. Campinas, Ed. da Unicamp, 1994.
MERCADANTE, Paulo. *A Consciência Conservadora no Brasil: Contribuição ao Estudo da Formação Brasileira*. Rio de Janeiro, Civilização Brasileira, 1972.
MERQUIOR, José Guilherme. *A Natureza do Processo*. Rio de Janeiro, Nova Fronteira, 1982.
MICELI, Sergio. *Intelectuais à Brasileira*. São Paulo, Cia. das Letras, 2001.
MORAES, R.; ANTUNES, R. e FERRANTE, V. (orgs.). *Inteligência Brasileira*. São Paulo, Brasiliense, 1986.
MOTA, Carlos Guilherme. *Ideologia da Cultura Brasileira 1933-1974*. São Paulo, Ática, 2000.
NASCIMENTO, Maria Regina do & TORRESINI, Elisabeth. *Modernidade e Urbanização no Brasil*. Porto Alegre, EDIPUCRS, 1998.
NESTROWSKI, Arthur & SELIGMANN-SILVA, M. (orgs.). *Catástrofe e Representação*. São Paulo, Escuta, 2000.
NOVINSKY, Anita. *A Inquisição*. São Paulo, Brasiliense, 1992.
________. *Cristãos Novos na Bahia*. São Paulo, Perspectiva, 2ª ed., 1992.

OLIVEIRA, Dijaci David de. *et alii* (orgs.). *A Cor do Medo – Homicídios e Relações Raciais no Brasil*. Brasília, Editora da UNB; Goiânia, Editora da UFG, 1998.

OLIVEIRA, Manfredo Araújo de (org.). *Grandes Correntes da Ética Contemporânea*. Petrópolis, Vozes, 2000.

OLIVEIRA, Renato de. "A Autonomia Universitária na Perspectiva do Movimento Docente". In: ROHDEN, Valério (org.). *Idéias de Universidade*. Canoas, Ed. ULBRA, 2002, pp. 207-222.

OLIVEN, Ruben George. *Violência e Cultura no Brasil*. Petrópolis, Vozes, 1982.

PADOVANI, Umberto & CASTAGNOLA, Luís. *História da Filosofia*. Rio de Janeiro, Ed. Melhoramentos, 1970.

PAIM, Antonio. *História das Idéias Filosóficas no Brasil*. Londrina, Editora UEL, 1997.

______. *Etapas Iniciais da Filosofia Brasileira*. Londrina, Edições UEL, 1998.

______. *Os Intérpretes da Filosofia Brasileira – Estudos Complementares à História das Idéias Filosóficas no Brasil – Vol. I*. Londrina, Edições UEL, 1999.

PAVIANI, Jayme & DAL RI JR., Arno (orgs.). *Globalização e Humanismo Latino*. Porto Alegre, EDIPUCRS, 2000.

______. *Humanismo Latino no Brasil de Hoje*. Belo Horizonte, F. Cassamarca/PUC-MG, 2001.

PAVIANI, Jayme & POZENATO, José Clemente. *Universidade em Debate*. Caxias do Sul, EDUCS, 1977.

PELIZZOLI, Marcelo L. *A Emergência do Paradigma Ecológico*. Petrópolis, Vozes, 1999.

PEREIRA, Carlos Alberto M. *et alii* (orgs.). *Linguagens da Violência*. Rio de Janeiro, Rocco, 2000.

PIERONI, Geraldo. *Os Excluídos do Reino*. Brasília, Editora da Universidade de Brasília, 2000; São Paulo, Imprensa Oficial do Estado, 2000.

PIRES, Cecília Pinto (org.). *Ética e Cidadania – Olhares da Filosofia Latino-Americana*. Porto Alegre, DaCasa/Palmarinca, 1999.

PRADO JR., Caio. *O Que é Filosofia?* São Paulo, Brasiliense, 1982.

PRADO DE MENDONÇA, Eduardo. *O Mundo Precisa da Filosofia*. Rio de Janeiro, Agir, 1978.

PUCRJ – Departamento de Filosofia, *Bibliografia Filosófica Brasileira: Período Contemporâneo: 1931-1971*. Rio de Janeiro, Departamento de Filosofia da UFRJ, 1973.

QUEIROZ, Maria Isaura Pereira de. *Cultura, Sociedade Rural, Sociedade Urbana no Brasil*. Rio de Janeiro, Livros Técnicos e Científicos; São Paulo, EDUSP, 1978.

REIS, Nélson Ramos dos (org.). *América Latina – Crescimento Econômico e Exclusão Social*. Porto Alegre, DaCasa/Palmarinca, 2001.

Rezende, Antônio. "A Filosofia no Brasil". In: Rezende, Antônio. *Curso de Filosofia para Professores e Alunos dos Cursos de Segundo Grau e de Gradação*. Rio de Janeiro, Jorge Zahar, 1996.

Ribeiro, Darcy. *Os Brasileiros – Uma Teoria do Brasil*. São Paulo, Brasiliense, 1987.

_______. *Gentidades*. Porto Alegre. L&PM, 1997.

_______. *O Dilema da América Latina – Estudos de Antropologia da Civilização*. Petrópolis, Vozes, 1979.

_______. *O Processo Civilizatório – Etapas da Evolução Sócio-Cultural*. Petrópolis, Vozes, 1981.

Ribeiro, Maria T. R. (org.). *Intérpretes dos Brasil – Leituras Críticas do Pensamento Social Brasileiro*. Porto Alegre, Mercado Aberto, 2001.

Rio, João do. *A Alma Encantadora das Ruas*. São Paulo, Cia. das Letras, 1997.

Rodrigo, Lídia Maria. *O Nacionalismo no Pensamento Filosófico – Aventuras e Desventuras da Filosofia no Brasil*. Petrópolis, Vozes, 1988.

Romano, Roberto. *Lux in tenebris – Meditações sobre Filosofia e Cultura*, Campinas, Ed. da Unicamp/São Paulo, Cortez, 1987.

_______. *O Caldeirão de Medéia*. São Paulo, Perspectiva, 2001.

Rosenfeld, Anatol. *Negro, Macumba e Futebol*. São Paulo: Ed. da Unicamp/Edusp/Perspectiva, 1993.

_______. *Cinema: Arte & Indústria*. São Paulo, Perspectiva, 2002.

_______. *O Mito e o Herói no Moderno Teatro Brasileiro*. São Paulo, Perspectiva, 1982.

_______. *Texto / Contexto II*. São Paulo, Perspectiva, 2000.

Roux, Jorge. *Álvaro Vieira Pinto: Nacionalismo e Terceiro Mundo*. São Paulo, Cortez, 1990.

Sader, Emir. *Século XX – Uma Biografia Não-Autorizada*. São Paulo, Editora Fundação Perseu Abramo, 2000.

Sanson, Victorino Félix. *A Metafísica de Farias Brito*. Niterói, Universidade Federal Fluminense, 1977.

Santos, Boaventura de Sousa. *Pela Mão de Alice – O Social e o Político na Pós-modernidade*. São Paulo, Cortez, 1997.

Santos, Milton & Silveira, Maria Laura. *O Brasil: Território e Sociedade no Início do Século XXI*. Rio de Janeiro, Record, 2001.

Schneider, Paulo Rudi. "Idéia de Universidade – Profissionalização, Pesquisa e Cultura". In: Rohden, V. (org.). *Idéias de Universidade*. Canoas, Ed. Ulbra, 2002, pp. 223-242.

Schmitz, Matthias. *O Grupo Pioneiro dos Epistemólogos Professores da URGS: Uma Antologia que Retrata Quatro Décadas*. Porto Alegre, [S.N.], 1992.

Sevcenko, Nicolau. *A Corrida para o Século XXI – no Loop da Montanha Russa*. São Paulo, Cia. das Letras, 2001.

SEVERINO, Antônio Joaquim. *A Filosofia no Brasil – Catálogo Sistemático dos Profissionais, Cursos, Entidades e Publicações da Área da Filosofia no Brasil*. São Paulo, ANPOF, 1990.

_______. *A Filosofia Contemporânea no Brasil: Conhecimento, Política e Educação*. Petrópolis, Vozes, 1999.

SILVA, Hélio R. S. & MILITO, Cláudia. *Vozes do Meio-Fio – Etnografia*. Rio de Janeiro, Relume-Dumará, 1995.

SINGER, Paul. *Economia Política da Urbanização*. São Paulo, Contexto, 1998.

SODRÉ, Muniz. *A Verdade Seduzida – Por um Conceito de Cultura no Brasil*. Rio de Janeiro, Francisco Alves, 1988.

SODRÉ, Nelson Werneck. *Síntese da História da Cultura Brasileira*. Rio de Janeiro, Civilização Brasileira, 1972.

_______. *A Farsa do Neoliberalismo*. Rio de Janeiro, Graphia, 1998.

_______. *História da Burguesia Brasileira*. Rio de Janeiro, Editora Civilização Brasileira, 1964.

SORJ, Bernardo. *A Construção Intelectual do Brasil Contemporâneo*. Rio de Janeiro, Jorge Zahar, 2001.

SOUZA, Irineu Evangelista de (Visconde de Mauá). *Autobiografia*. Rio de Janeiro, Livraria Editora Zelio Valverde, 1943.

SOUZA, Ricardo Timm de. *Totalidade & Desagregação – Sobre as Fronteiras do Pensamento e suas Alternativas*. Porto Alegre, EDIPUCRS, 1996.

_______. "A Universidade, a Forma e o Conteúdo: Sobre a Urgência de uma Transformação Necessária". *Momento – Revista do Departamento de Educação e Ciências do Comportamento da FURG*, vol. 8, 1995, Fundação Universidade do Rio Grande / Rio Grande, pp. 109-120.

_______. *Ainda Além do Medo – Filosofia e Antropologia do Preconceito*. Porto Alegre, DaCasa/Palmarinca, 2002.

_______. *Existência em Decisão – Uma Introdução ao Pensamento de Franz Rosenzweig*. São Paulo, Perspectiva, 1999.]

_______. *Metamorfose e Extinção – Sobre Kafka e a Patologia do Tempo*. Caxias do Sul, EDUCS, 2000.

_______. *O Tempo e a Máquina do Tempo – Estudos de Filosofia e Pós-Modernidade*. Porto Alegre, EDIPUCRS, 1998.

_______. *Responsabilidade Social – Uma Introdução à Ética Política para o Brasil do Século XXI*. Porto Alegre, Evangraf, 2003.

_______. *Sentido e Alteridade – Dez Ensaios sobre o Pensamento de E. Levinas*. Porto Alegre, EDIPUCRS, 2000.

_______. *Sentidos do Infinito – A Categoria de "Infinito" nas Origens da Racionalidade Ocidental, dos Pré-Socráticos a Hegel*. Caxias do Sul, EDUCS, 2003.

_______. *Sobre a Construção do Sentido – o Pensar e o Agir entre a Vida e a Filosofia*. São Paulo, Perspectiva, 2003.

______. *Sujeito, Ética e História – Levinas, o Traumatismo Infinito e a Crítica da Filosofia Ocidental*. Porto Alegre, EDIPUCRS, 1999.

STEIN, Ernildo J. *Melancolia*. Porto Alegre, Movimento, 1976.

STEYER, Fábio Augusto. *O Cinema em Porto Alegre (1896-1920)*. Porto Alegre, 1999.

TEIXEIRA COELHO, *Guerras Culturais – Arte e Política no Novecento Tardio*. São Paulo, Iluminuras, 2002.

TIBURI, Márcia; MENEZES, Magali & EGGERT, Edla (orgs.). *As Mulheres e a Filosofia*. São Leopoldo, Editora UNISINOS, 2002.

TOBIAS, José Antônio. *História das Idéias no Brasil*. São Paulo, E.P.U., 1987.

TOLEDO, Caio Navarro de. *ISEB: Fábrica de Ideologias*. São Paulo, Ática, 1977.

TRINDADE, Hélgio. *Integralismo*. São Paulo, Difel, 1979.

VAINFAS, Ronaldo. *Trópico dos Pecados – Moral, Sexualidade e Inquisição no Brasil*, Rio de Janeiro, Nova Fronteira, 1997.

VAZ, H. C. Lima. "O Pensamento Filosófico no Brasil de Hoje". In: FRANCA, Leonel. *Noções de História da Filosofia*. Rio de Janeiro, Agir, 1978.

VELHO, Gilberto & ALVITO, Marcos (orgs.). *Cidadania e Violência*. Rio de Janeiro, Editora da UFRJ / Editora da FGV, 1996.

VERÍSSIMO, Francisco S. *et alii*. *Vida Urbana: A Evolução do Cotidiano da Cidade Brasileira*. Rio de Janeiro, Ediouro, 2001.

VITA, Luís Washington. *Panorama da Filosofia no Brasil*. Porto Alegre, Globo, 1967.

VOLPI, Marina Tazón. *A Universidade e sua Responsabilidade Social*. Porto Alegre, EDIPUCRS, 1996.

VVAA. *Pós-Modernidade*. Campinas, Editora da Unicamp, 1993.

WEBER, Thadeu. *A Filosofia como Atividade Permanente em Farias Brito*. Porto Alegre, PUCRS, 1985.

______. "Caracterização da Situação da Filosofia no Brasil". *VERITAS – Revista de Filosofia da PUCRS*, 1988, pp. 227-231.

ZILLES, Urbano. *Grandes Correntes da Filosofia no Século XX e sua Influência no Brasil*. Caxias do Sul, EDUCS, 1987.

Sobre o Autor

Ricardo Timm de Souza nasceu em Farroupilha, RS, em 1962. Entre seus muitos interesses acadêmicos, dedicou-se especialmente à música e às ciências humanas. Doutorou-se em filosofia, em 1994, na Universidade de Freiburg, Alemanha, com tese sobre a ética da Alteridade. É autor, além de muitos artigos e vários capítulos de livros, dos seguintes livros: *Totalidade & Desagregação – Sobre as Fronteiras do Pensamento e suas Alternativas*, Porto Alegre, Edipucrs, 1996; *Filosofia Mínima: Fragmentos de Fim-de-Século*, Porto Alegre, Pyr Edições, 1998; *O Tempo e a Máquina do Tempo: Estudos de Filosofia e Pós-Modernidade*; Porto Alegre, Edipucrs, 1998; *Existência em Decisão*, São Paulo, Perspectiva, 1999; *Sujeito, Ética e História: Levinas, o Traumatismo Infinito e a Crítica da Filosofia Ocidental*, Porto Alegre, Edipucrs, 1999; *Metamorfose e Extinção: Sobre Kafka e a Patologia do Tempo*, Caxias do Sul, EDUCS, 2000; *Sentido e Alteridade: Dez Ensaios Sobre o Pensamento de E. Levinas*, Porto Alegre, Edipucrs, 2000, *Sobre a Construção do Sentido*, São Paulo, Perspectiva, 2003 e *Ainda Além do Medo: Filosofia e Antropologia do Preconceito*, Porto Alegre, DaCasa-Palmarinca, 2002. Co-organizador, entre outros, de *Fenomenologia Hoje: Existência, Ser e Sentido no*

Limiar do Século XXI (Porto Alegre, Edipucrs, 2001) e *Fenomenologia Hoje II: Significado e Linguagem* (Edipucrs, 2002). É coordenador do Centro Brasileiro de Estudos sobre o pensamento de E. Levinas – CEBEL, diretor de publicações da Sociedade Brasileira de Fenomenologia e membro-fundador do Centro Brasileiro de Estudos sobre o Humanismo. Membro consultor de conselhos editoriais diversos. É atualmente professor da PUCRS, Porto Alegre. Áreas principais de interesse: filosofia e cultura do século XX, questões de fenomenologia, filosofia e literatura, temas de ética, estética e filosofia da arte, psicanálise e cultura, temas de filosofia brasileira e latino-americana, pensamento judaico, filosofia da ecologia e da natureza, temas de pós-modernidade, novas epistemologias.
E-mail: rtimmsouza@hotmail.com

Coleção Khronos

1. *O Mercantilismo*, Pierre Deyon.
2. *Florença na Época dos Médici*, Alberto Tenenti.
3. *O Anti-Semitismo Alemão*, Pierre Sorlin.
4. *Os Mecanismos da Conquista Colonial*, Ruggiero Romano.
5. *A Revolução Russa de 1917*, Marc Ferro.
6. *A Partilha da África Negra*, Henri Brunschwig.
7. *As Origens do Fascismo*, Robert Paris.
8. *A Revolução Francesa*, Alice Gérard.
9. *Heresias Medievais*, Nachman Falbel.
10. *Armamentos Nucleares e Guerra Fria*, Claude Delmas.
11. *A Descoberta da América*, Marianne Mahn-Lot.
12. *As Revoluções do México*, Américo Nunes.
13. *O Comércio Ultramarino Espanhol no Prata*, E. S. da Veiga Garcia.
14. *Rosa Luxemburgo e a Espontaneidade Revolucionária*, Daniel Guérin.
15. *Teatro e Sociedade: Shakespeare*, Guy Boquet.
16. *O Trotskismo*, Jean-Jacques Marie.
17. *A Revolução Espanhola 1931-1939*, Pierre Broué.
18. *Weimar*, Claude Klein.
19. *O Pingo de Azeite: A Instauração da Ditadura*, Paula Beiguelman.
20. *As Invasões Normandas: Uma Catástrofe?*, Albert D'Haenens.
21. *O Veneno da Serpente*, Maria Luiza Tucci Carneiro.
22. *O Brasil Filosófico*, Ricardo Timm de Souza.
23. *Schoá: Sepultos nas Nuvens*, Gérard Rabinovitch.

Impresso nas oficinas da
Gráfica Palas Athena